女性経営者16人が教える
起業のポイントと続ける極意

女性起業
はじめの一歩と
続け方

ブレインワークス 編著

Woman
Entrepreneur

カナリアコミュニケーションズ

まえがき

2017年9月に、ブレインワークスはハッピーキャリアシンポジウムを開催しました。テーマは、「女性活躍時代を目指して」。

雇用の形もさまがわりし、定年という概念もかわりつつある今、女性の働き方も大きな変化のうねりをむかえています。このシンポジウムでは、たくさんの方々につどっていただき、「女性が女性らしく働くこととは？」「女性が活躍できる社会とは？」などをテーマにパネルディスカッションを行い、女性の「生き方」「働き方」について考える場となりました。

20～30年前であれば、男性と同等に仕事をすることや、女性がひとりで子どもを育てることなど、どこかタブーであり後ろめたい気持ちを持たざるを得ない社会環境であり、ごく最近までさまざまなハードルがありました。

私たちブレインワークスでは、創業時から、そんなタブーに疑問を持ち、女性も社会の戦力ととらえ、さまざまな事業や働き方をしている女性をテーマに書籍を発刊することで、認知理解に努めてまいりました。

そして、今は人生100年時代といわれ、「女性の働き方改革」も大きくうたわれるようになりましたが、実情はどうでしょうか？

「女性の働き方改革」について、企業の取り組み方、利用の仕方は、まだ足並みが揃ったとは言いがたい状況です。しかし確実に変わってきています。そして変わるのは企業だけではなく、働く女性自身も変わらなければならないタイミングに来ているのだと思います。

本書では、それぞれの業界で起業し活躍されている女性をご紹介いたします。

社会に飛び込み、自分らしさを求め、自分がしたいこと、人のためになること、そしてなにより自分のキャリアをさらに輝かせて生きたい、そんな女性たちです。

ブレインワークスでは、これからも活躍する女性起業家やフリーランスの方、また企業で働く方たち、働く場を探している女性たちの情報発信の支援、就業のプラットフォーム作りを提案していきます。

本書を手にとっていただいた方に、少しでも勇気、希望、発見につながればと願っております。

ブレインワークス

２０１８年7月吉日

目次

はじめに……2

ワンちゃんと人の幸せな時間と空間を創りたい
株式会社皇喜（ＬＡＭＺＹ）　代表取締役　川鍋希望香……8

究極のアーユルヴェーダ、シロダーラで心身の健康と真の美しさを
一般社団法人日本シロダーラ協会　代表理事　田畑優美子……20

一人ひとりの能力を生かせるシステムづくりで
女性らしさを生かした事業サポートを
株式会社herstyle／株式会社hersell　代表　本林早苗……32

芸能経験を生かして、「タレント級の一流オーラ」を創ります！
株式会社エターナル　代表取締役　大谷代何……44

逆境は未来の糧、エネルギーに変えて働く！
互いの想いや生き方を共有できる社会のために
株式会社プラススマイル　代表　濱崎明子……56

企画力と実行力が強み 自由な発想で帽子を出張販売
キッチュナ　代表　佐藤なこ……68

自ら築いた実績で、魅力あるカンボジアの不動産を紹介
アンナアドバイザーズ株式会社　代表取締役 宅地建物取引士　荒木杏奈……78

1粒でも小さくても輝きを放つダイヤのように
自分にとって揺るがない「本物」探しを楽しむ
クリアノワール株式会社　代表取締役　兼本のり子 …… 88

女性に生まれて良かった！　と思える社会を。
「まちのてらこや保育園」で働くママの子育てをサポート！
株式会社サムライウーマン　代表取締役社長　高原友美 …… 98

カラダとココロを温めると人生が変わる！
温活百貨店　代表　手島瑠美 …… 108

築80年の古民家を人と人の出会いの場として未来につなぐ
株式会社いずみ苑　代表取締役　泉 佳保子 …… 118

離婚を期に起業！　今があるのは人と人のつながりのおかげ
株式会社コドエーヌ　代表取締役 宅地建物取引士　草薙尚子……128
ほしいものがなければつくる 納得のいくものを自分で手に入れる
株式会社マーズデザイン　代表取締役　田ノ本知乎……138
「心を満たすインテリア創り」をお手伝い
株式会社エフ・スタイル　代表取締役　北山富喜子……150
知的財産で人を幸せに、未来に花を咲かせたい
ブランシェ国際知的財産事務所　共同代表 弁理士　鈴木徳子……162
特別な日を彩るフォーマルグッズで女性がもっと素敵に輝くお手伝いを
有限会社ひとみ　代表取締役　森ヒトミ……174

ワンちゃんと人の幸せな時間と空間を創りたい

株式会社皇喜（LAMZY）代表取締役　川鍋希望香

profile

横浜生まれ。24歳で結婚。結婚後、経理スクールで簿記を学び、飲食店を経営する女性オーナーの会社で経理のアルバイトを経験。経理学校の友人と、これからはペットの洋服だと予想し、36歳から真剣にペットアパレルに乗り出す。第1号を通販カタログに掲載したことで爆発的に売れ、寝る暇もないほど働き続ける毎日が続く。急激に仕事量が増えたことで、2003年に起業、法人化して従業員を雇う。通販カタログからデパートに販路を拡大。縫製を中国工場に移転するなど事業を展開。2015年、自身の体調を崩したことをきっかけにペットの健康を考え、2018年、サプリメント事業部を新設。ペットブランドを日本から海外に向けて始動中である。

会社概要

社名●株式会社皇喜（LAMZY）
所在地●神奈川県横浜市中区千代崎町4-100　Angel Heim 山手 101（事務所）
東京都品川区東五反田 1-10-4 エムアイビル（商談室）
URL●http://www.lamzy.com/
代表取締役●川鍋希望香（かわなべ きみこ）
事業内容●ペットウェア、カラー&リード、チョーカー、キャリーバックなどワンコグッズのブランド全国卸売業、直営店舗運営、通信販売インターネット事業部、他社 OEM, 実用新案等提案業販売

20年ほど前、私は起業なんてまったく考えていなくて、とある事務所で経理のアルバイトをしていました。そこは、ありがたいことにワンちゃんを連れてきてもオーケーだったんです。ただ、当時飼っていたチワワはどんどん大きくなって、チワワに見えないんです。仕事場に連れてくると、なんか不憫に思えて、少しでも可愛く見えるように洋服を買ってあげました。その時は、よもやワンちゃん用の服の企画・製造・販売をするようになるとは思っていませんでした。

「これからはペットの服じゃない?」友人のひとことがきっかけに

人生の転機は、ワンちゃん連れで働いていた会社の経営が悪くなり始めたことからです。経理をしていますから、いつ辞めてくれと言われてもおかしくない状況だとわかります。そんなことを、結婚後に通った経理学校で一緒だった友人と話していたら、彼女が「これからは犬の服じゃない?」って言うんです。ペットの服には自分も関心がありましたから、思わず同意しました。どんなものがあるのかとふたりでネットを検索すると、主婦が手づくりして販売している服がよく売れていることがわかりました。「これならできるかも!」と、動き始めました。

早速、ふたりでミシンを買いに行きました。ただ、私たちは裁縫ができるわけではありません。そこでシルバー人材センターに問い合わせ、縫物の達人を派遣してもらったんです。数カ月かけて型紙のつくり方から、ミシンのかけ方まで教えてもらって練習しました。でも、上手に縫えません。ついには裁縫の達人から、「悪いけど売れるものはつくれないんじゃない？」と言われてしまったのです。

縫製はプロに任せ、生地選びからスタート

裁縫の達人から見放され、一緒に立ち上げを手伝ってくれた友人も妊娠がわかって辞めることになりました。どうしようと途方にくれていた時、「デザインだけして、あとは縫製屋さんに頼むっていうことにすればどう？」とさりげなくアドバイスしてくれたのは夫でした。

デザイナーといえるほどの実力はないけれど、自分がペットに着せたいものをデザインしてみることに。縫製は縫製屋さんに任せるとして、生地は自分で探さなくてはなりません。カジュアルな素材でつくりたいと思うのですが、一般の人が買える手芸店では身生地と首まわりのリブ生地をセットで扱っていませんでした。セットで買えないと、色をあわせてつくれないのです。

そこで業者が使う繊維工場を訪ねました。すると今度は、業務用の注文になるので、最低のロットがすごい量になるということがわかりました。

でも、「とりあえずつくる！」ということが先にあったので、最低ロットで好みの生地を注文。でき

あがると縫製工場に持ち込み、ワンちゃんのトレーナー第1号を1枚製作してもらいました。この頃には、経理で給料をもらっていた会社が倒産してしまい、進むしか道がなくなっていました。

できあがった1枚の商品をどうするか悩んだ末、通販会社を訪ねました。動物病院においてあるペットの通販カタログの会社に持ち込んだんです。すると、「ウチでは個人からの持ち込みは受けてないので、たぶん決裁はおりないでしょう」と断られかけました。でも、その担当者は「デザインが斬新ですね」と認めてくれ、上の人とがんばって交渉してくれたのです。そこで幸運の風が吹きました。上の人に認めてもらえたことで、通販カタログで販売してもらえるようになったのです。

第1号の洋服が通販で売れに売れ、しかし、自宅はダンボールの山に

このトレーナーが空前の大ヒットとなり、何千枚も売れに売れました。当時、ネットはまだ一般的でない時代。ファックスで注文を受けつけるのですが、ファックスが鳴りやまないのです。生地は十分ありましたが、一気に製品にすると在庫が出るのではと心配だったため、注文が来るたびに数十枚ずつまとめて縫製工場に出します。ヒモで縛られた状態で商品が納品され、スチームアイロンをかけ、タグをつけました。次々に注文が入るので休みなんか取れません。ごはんも食べられず、外にも出られず、夜も眠れず、ひたすら床に座って作業をし続けました。

「会社にしたら?」夫のひとことで起業

そんなこんなで、自宅は段ボールの山です。朝から晩まで、やってもやっても段ボールの山がかたづかないので、精神的にもヘトヘト。ひとりでできる許容量を超えていました。その状況を見かねた夫が、「会社にして、人を雇わないと無理じゃないのか」と声をかけてくれたのです。

このひとことが背中を押しました。2003年に起業し、小さめの事務所を借りました。段ボールは事務所に届くので、自宅は解放されました。でも、通販カタログは半年に一度、必ず新商品を出すので、次々と商品を考え製品化しなければなりません。そうそう頭を切り替えられるものではありませんが、出したものは順調に売れていきました。でも、このルーティーンがどこまで続くか、心の中には不安が渦巻いていました。

通販カタログからデパートに販路を拡大

そこで通販カタログに100%頼るのではなく、大手デパートやペットショップにおろせないかと考えました。大手デパートに入ったペットショップに売り込みに行くと、「東京で売れないものは一流じゃない」と一蹴されてしまいます。通販カタログで全国の人に何千枚と売れていましたが、東京

愛犬「ひな」、「てまり」と一緒に

の人が買っているわけではありません。そこで東京のペットショップを見てみようと見学に向かいました。そこで売られているペットウェアは、華やかなデザインに満ちあふれていました。

「ここに入って戦おう！　ここに置いてもらうことで、自分も高められる！」。そう思い、オリジナル商品を持ってデパートをまわりました。最初は小さな棚を貸してもらってスタート。少しずつ人気が出て、他のペットショップからも声がかかるようになり、少しずつ販路が広がっていきました。

折しも2004年からはペットブーム。買い物客が増えるゴールデンウィークの最中、商品が予想以上に売れて、棚がスカスカになっていました。それを店の責任者に説教されたのです。「せっかくのスペースに商品を補充しないで、どうお考えですか？ この東京の一等地で棚を貸すのだから、月額○○万円の仕事をしてもらわないと困ります」と。

洋服に似合うオリジナル首輪も開発

しかしながら、その月額○○万円という数字は、私のデザインした洋服を販売するだけでは達成できない額。弊社は小規模に製造しているので、大手のように多様な商品を取り揃えることができないのです。そこで一緒に売れる商品として考えたのが「首輪」です。当時、洋服と首輪を一緒に出しているところはまだなかったので、ウチの洋服にあう首輪を、職人さんに協力してもらいオリジナルデザインでつくってもらったのです。

それを持って営業行脚すると、ありがたいことに、また大ヒットしました。

縫製代のコストダウンを睨み中国に進出

２００８年、気づいたら社員２名、アルバイト３名になっていました。時代が求めるものを探りながらやってきましたが、ここに来て、首輪をお願いしていた職人さんのパワーがダウン。日本全体を見ても、ものづくりの現場は、国内から縫製代の安い中国に移りつつありました。日本は高齢化もあり、縫製代が中国の1・5倍と高く、上代があわなくなっていたのです。世界の工場も、こぞって中国に移っていた時代。私自身、中国にツテはありませんが、なんとか縫製代を安くしたい気持ちはありました。そこで日本の商社に入ってもらって、中国の縫製工場とつながったのです。

ところが、これが失敗。商社は手数料を取るのですが、私に知識がないのをいいことに、その額がどうも大きかったようです。今思えば、クオリティーの低い中国縫製にも関わらず、メイドインジャパンと同じ価格で売るはめになっていました。

この流れを変えたのは、台湾から来た女性です。私が売っている商品を見て、「これぐらいのものなら、ウチの広州にある工場では◯◯くらいでつくれます」と言います。持ってきた商品を見るとクオリティーは高いうえに、今までの中国工場で使っていた縫製代の3分の1の価格です。彼女の工場はISOも取得しており、まじめに商売をしていることもわかり、そこと組むことにしました。商社を外したことで、私自身の目で直接仕入れや工場を見せてもらえることになったのもメリットでした。

その縫製工場を使い始めた際に、通販カタログはいったん止め、デパートやペットショップのビジネスに特化しました。首輪ブームも去り、新しく始まったのがハーネス。デザインを考え、金具にもこだわりました。金具が粗悪だと事故につながるからです。このハーネスも順調に売れています。ハーネスはコンパクトにディスプレイできるので、デパートの棚を取りやすいというのも売り上げにつながっています。そして、一時止めていた通販カタログも復活することにしました。

体調を壊したことで、ペットのサプリメント事業部をスタート

デパートやペットショップに長く置いてもらうには、良いものをつくり続けるしかありません。どこまでも「売れる、売れない」の繰り返しです。少し疲れが出てきたのでしょう。「いつまでやればいいの？」。ビジネスをそんな風に思い始めたのは、今から2、3年前です。

起業して、経営者としてがむしゃらに走り続けてきた疲れでしょうか。メンタルの落ち込みだけでなく、数々の未病が襲い、身体の不調として現れてきました。目標を失うと人間は本当に病気になるんだと思いました。自分の身体を顧みなかったことも反省しました。まさにドクターストップです。回復するまで、しばらく休むしかありません。ですが、強制的に身体を休めたことが、これからの仕事を見つめ直すうえでいい機会になりました。

ペットアパレルは、この先どうなるのか？　なくなることはないけれど、日本人のモノを買いたいという気持ちが下がってきているのは確かです。消費が落ちついてしまうということは、モノを売る人にとって大問題。何をどうやって売っていくか？　一方、ワンちゃんも長寿化傾向にあり、1匹の

ワンちゃんを自分の人生とともに大切に育てる時代――。

自分自身の身体が弱ったことで食生活に気を配るようになりました。それと同時にワンちゃんの健康にも目が行くようにもなりました。洋服を着せた見た目の可愛らしさだけでなく、これからはワンちゃんの食生活も考えていかないといけないのではと思い始めたのです。

２０１８年、ワンちゃんのサプリメント事業部を立ち上げました。群馬県在住の獣医師、石川紀代先生が、ご自分の犬舎にいる数百匹のワンちゃんを10年間試験研究して得たデータをもとに開発された菌活サプリの販売です。石川先生はペットの高度医療、未病治療に力を注がれており、現在ブームとなりつつある腸活に10年前から取り組んだ結果、ついに完成したものです。

ハーネス開発に貢献してくれたスタッフとイベント出展

菌バランスの配合で、腸内の善玉菌を活性化し、未病の予防にも効果が期待されています。我が家の2・5キロのプードルの腸内環境を改善させることにも成功しました。獣医さんがつくった、元気で長生きを目指す菌活サプリとして、販売しています。

株式会社皇喜（ＬＡＭＺＹ）　代表取締役　川鍋希望香

世界に通じるペットアパレルのブランドづくり

日本でのペットアパレルの歴史は10年ほどです。日本のメーカーはいいものをつくってきましたが、そのまま日本で販売し続けるのは難しいと思っています。でも、世界を見ればそうではありません。発展途上国では、モノが欲しい、生活を向上させたいというひと昔前の日本とそっくりな状況だったりします。そういう国にＬＡＭＺＹの商品を輸出したいと考えています。

今までも、置かせてほしいと声をかけてくるショップはいくつかありました。でも置くだけじゃダメだと思っています。日本ではデパートや有名ペットショップに置くことで、少しずつブランドづくりができてきました。海外でも同じです。ちゃんとした施設に置かせてもらって、自分が考えるペットブランドづくりができる、ご縁のある国を探しています。

今までやってきたことを無駄にしないで、他に投影できたらなと考えているところです。これから世界に出して、世界で認められるペットブランドＬＡＭＺＹになるのが夢。世界にペットブランドＬＡＭＺＹを根づかせ広げていければいいなあと思います。

これから起業を考えている人にむけて

私は何もないところから、自分の創造とイメージだけで双葉をつくって、ここまで育ててきました。そこから言えるのは、あきらめないことかもしれません。事実、この原稿を書き始めた時はご縁が無かった海外の販路も引き寄せ、始動しています。

最初、経理の仕事をしていたのは飲食店を何店舗か経営している会社でした。倒産してしまいましたが、そこでの経理の経験が自分の会社を興した経理に転用されています。売り上げを伸ばすこと、原価を抑えることは基本ですから、数字には敏感であることが大切だと思います。

すごく勉強をしたわけではありませんが、コンピュータ専門学校に行きました。おかげでネットも触れます。この仕事をやり始めた時は、紙雑誌とファックスの時代でした。それがあっという間にインターネットの時代です。ネットショッピングを軌道にのせるため、ホームページをつくりました。外からスタッフに来てもらったのですが、その人からいろいろと教えてもらいました。自分で書き込むこともできています。いろいろスキルを身につけておくと、将来役立つかもしれませんね。

また、この仕事を続けてきて思うことは、行動し、人に出会い、人に助けられお互い成長し、時には別れの繰り返しであると思います。私の事業に携わってくださったすべてのみなさまに感謝しかありません。日々更新される事業計画は、己の妄想の世界を実現化させるものでしかないのです。

究極のアーユルヴェーダ、シロダーラで心身の健康と真の美しさを

一般社団法人日本シロダーラ協会　代表理事　**田畑優美子**

profile

ストレスで崩した体調を、エステティックのトリートメントで癒やした経験からセラピストの道を歩み始める。ボディーケアを学ぶために渡ったバリ島で、アーユルヴェーダに出合い、さまざまな施術法を習得。そのなかのひとつ、シロダーラを自身のサロンのメニューに加えたところ好評を得る。以来、シロダーラを身近なものにするために研究を重ね「シロダーラ革命」を開発。シロダーラ協会を立ち上げ、より質の高いトリートメントを実現するため、世界に発信するための活動を続ける。『美・健康・学 オリーブ』オーナー。オリーブセラピースクール代表。株式会社花蓮代表取締役。一般社団法人エステティックグランプリ前理事。「癒しのカリスマ講師」として、シロダーラやアーユルヴェーダの講習、顧客と心をつなぐ絆カウンセリングなどの講演活動や、美容業界誌への寄稿、医学会での学術発表や、テレビ、ラジオなどのメディア出演なども行う。

会社概要

協会名● 一般社団法人日本シロダーラ協会
所在地● 奈良県生駒市鹿ノ南 2-3-2
中央ビル 104

URL● http://www.j-shirodara.com/
代表理事● 田畑優美子（たばた ゆみこ）
活動内容● シロダーラの普及／エステサロンの経営／インストラクター養成／サロンアイテム開発

悲しみと苦しみのどん底から救ってくれたトリートメント

私がトリートメントの世界に入ったのは、突然の事故で愛する家族を失ったことがきっかけでした。極度のストレスから、食べられない、眠れない日々。1カ月で9キロも体重が落ち、睡眠導入剤や頭痛薬に頼っては、薬の副作用と戦う毎日でした。

身も心もボロボロになった私を救ってくれたのは、友人が予約してくれたエステティックのトリートメントです。私を癒やそうとする人の手のぬくもり、優しさが全身に染み渡り、心まで救いあげてくれました。施術をきっかけに、私は少しずつ健康を、自分を取り戻していきました。

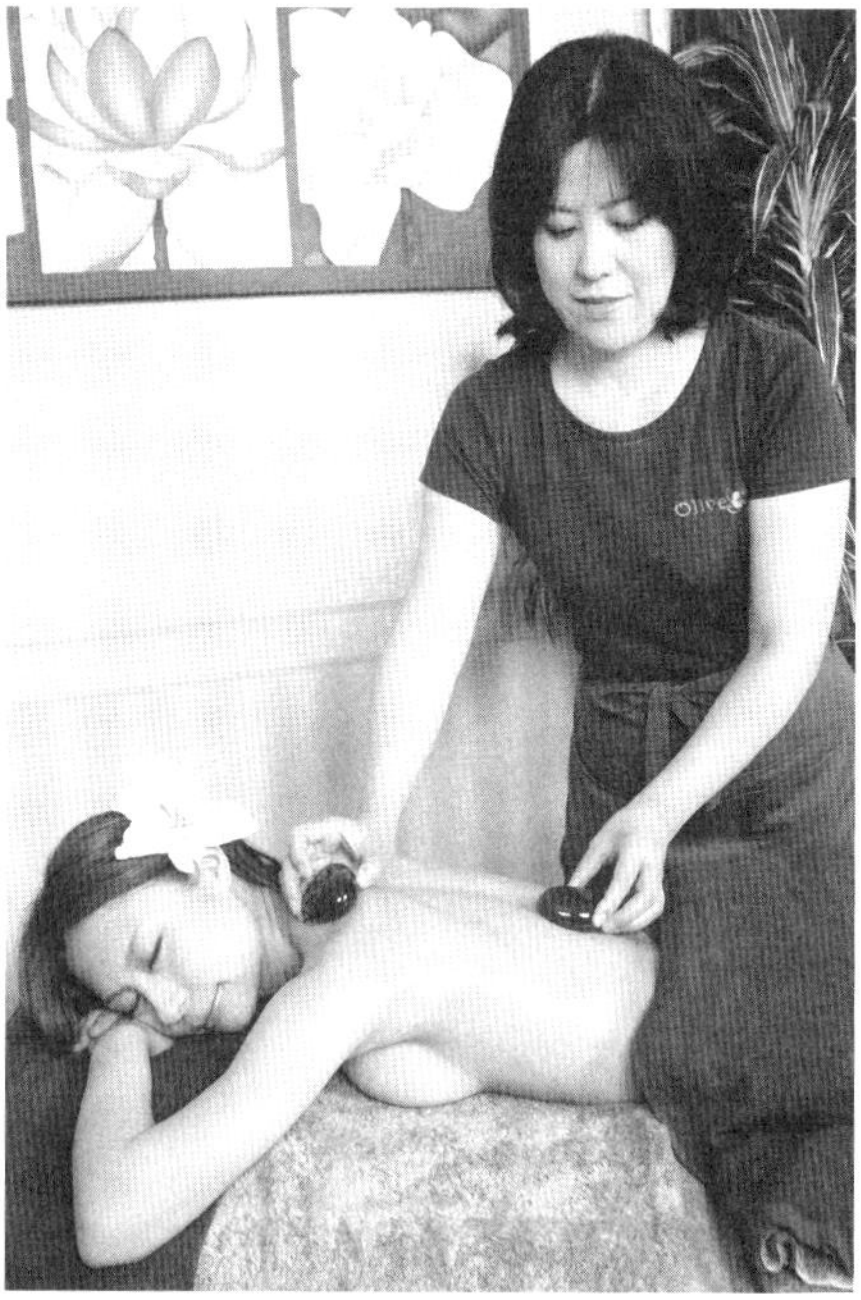

心身を癒やすセラピーを提供

どうにもならないほど落ち込み、そこから再起した経験を活かして、心身の不調に悩んでいる人の役に立ちたい。そんな思いからセラピストを目指したのです。

２００２年に『エステティックサロン オリーブ』を開業。自宅の一室で始めた小さなサロンですが、セラピストとして独り立ちを果たしました。とはいえ、誰も知らないサロンですから、最初はお客様が来るわけがありません。

セラピストの勉強はしましたが、経営に関してはまったくの素人。どうやって集客すればいいのかもわかりません。けれど、周囲の同じようなサロンを観察し、地域のフリーペーパーなどに広告を出すなど、見よう見まねでチャレンジするうちに、２年目くらいから「予約の取れないサロン」といっていただけるようになりました。

さらなる癒やしのテクニックを求めてバリへ

自分の施術によって、身体の不調やストレスなどに悩むお客様に喜んでいただけることは、何よりの喜びであり、やりがいでした。すると、日々、もっとトリートメントの質を高めたいという気持ちが湧きあがってきます。

気になる施術法を調べてみると、当時はバリ式のボディケアやトリートメントが話題になっていました。サロンのお客様にもリサーチしたところ、やはりアーユルヴェーダやジャムウに興味を持って

くつろぎのひとときを過ごしていただくためのサロン

いる方が多くいました。

「バリで本場のボディケアを学びたい」。その想いが募り、私はバリ行きを決心しました。サロンの経営が軌道に乗っていることもあり、周囲の人々には驚かれましたが、私の目的はひとりでも多くの人の癒やしのお手伝いをすること。そのために、現状に留まることなく自分を磨き、トリートメントの質を高め続けるのは当然のことでした。

バリ島では1カ月間、本格的なボディケアの学校で厳しいトレーニングを受けました。実技が中心で、先生が見守るなか、1日中、モデルに施術をします。生徒ひとりにモデルが3人つくため、本当に休む間もなく揉み続けます。毎日クタクタになるまでトレーニングを続けました。

施術だけでなく、材料の調達もできるかぎり自分たちでします。アロマに使う植物の生え方を野原や山に見に行ったり、ホットストーンの施術に使用する石を拾いに行ったり、クリームを作ったり。実践的な内容で勉強のしがいがあり、厳しいけれど、同時にとても楽しい毎日でした。

アーユルヴェーダに関わるさまざまな施術法を学ぶなかに、ジャムウやシロダーラもありました。インドネシア政府認定のアーユルヴェーダライセンスを取得した私は、自分のサロンにいくつかのバリ式メニューを加えました。

その頃、額にオイルを垂らすというめずらしさもあってか、シロダーラが一部メディアなどに取り上げられていました。気持ちよさそうなトリートメントといった扱いで、シロダーラの本質がきちんと知られていたとは言い難い状態でしたが、施術を希望するお客様も増えていました。

でも、シロダーラの本質をわかっていなかったのは私も同じだったのです。お客様に施術をするようになって、初めてシロダーラの素晴らしい効果を実感。認識を覆されるほどの衝撃でした。

長年不眠症で悩んでいたサロンの常連様や、施術後一時的には癒やされるものの、またすぐ疲労感に悩まされる、ストレスがひどいといったお客様に心底喜んでもらえたのです。シロダーラのおかげで、これまでほど病院に通わなくても済むようになったお客様もいます。薬を手放して、副作用の心配もなく予約時間がはっきりしているサロンに通い、喜んでくださいます。すっかりシロダーラの魅力にはまり、インドやスリランカの先生、研究者から、シロダーラについてより深く学んでいきました。

5000年の歴史を持つシロダーラの魅力と難しさ

学べば学ぶほど、シロダーラがキング・オブ・アーユルヴェーダといわれることに納得できます。5000年もの間、受け継がれてきたシロダーラは、単なる癒やしのメニューではありません。

人間の身体のなかで一番疲れているといわれる脳。でも脳はマッサージすることができません。そこで額の第3の目や第6のチャクラといわれる脳のツボにオイルを垂らしシータ波を発生させます。シータ波は瞑想の脳波ともいわれ、脳をリラックスさせたり、身体のバランスを整えたりしてくれます。

オイルによって頭蓋骨と髄液を共鳴させ、デトックスしながらオイルを揉み込んでいく。脳に対する唯一といってもいいトリートメントなのだと実感します。

施術後のすっきり感、爽快感は感動的です。頭も身体も軽くなり、身体中の細胞がイキイキとしているように感じます。そして、それが続きます。サロンで施術に携わるダーリストには、必ず施術を体験するように伝えています。この感覚を知ると、もっと学びたい、もっと多くの人に施術をしたいと思うからです。

ただし、シロダーラには難しい点もありました。額にオイルを垂らすため、髪や肌がベトベトになります。オイルを落とす専用の道具も大がかりで、メンテナンスも面倒です。コストもかかります。

シャワーの施設がないサロンでは難しいなど、大がかりな設備も必要になってきます。しかも、施術者もベトベトになったり、準備や片づけが面倒だったりするため、シロダーラのオーダーを喜べないスタッフがいるのも事実でした。手を使って癒やす施術者のメンタルは、お客様とつながりやすいものです。また、そうでなければなりません。施術者がイライラしたり、不快に思ったりしていては、お客様を癒やすことなどできません。

パーフェクトといえるほどの効果があるのがわかっているのに、無責任には導入を進められない。そんなジレンマに悩まされる日々が続き、私は自分の手で、もっと手軽にシロダーラの施術ができる方法を開発しようと決めました。

とはいえ、長きに渡って受け継がれてきたシロダーラを、間違った方法で取り入れるわけにはいきません。簡易にするためにシロダーラの理論を無視すれば本末転倒です。シロダーラを正しく、しかももっと多くの人が活用できるように広め伝えたいのです。

伝統を尊重しながら革命を起こす

とにかく研究を重ねました。良いのではと思いついたことは、なんでも試してみました。オイルや設備を見直し、効果をよりあげながら、手軽にできる方法を模索しました。

多くの製造会社さんや研究者の方々にも協力していただきました。「これくらいで大丈夫でしょう」と言われても「これぐらい」や「〜でしょう」では納得できません。お客様に対し自信を持ってよい施術するためには、まず施術者が納得し、いいと思ったものでなくてはなりません。そのため、関わってくれる皆様に苦労をかけたと思います。

けれど、そのおかげで、心の底から納得できる「シロダーラ革命」が生まれたのです。試行錯誤を繰り返し、気づけば開発スタートから5年が経っていました。

具体的には、水溶性のオイルの開発が重要でした。脳に直接作用を及ぼすシロダーラの効果の鍵となるオイルです。とりあえず条件を満たしていればいいわけではありません。試作を繰り返し、製造メーカーさんとともに悩み、時には説得し、あきらめそうになったこともあります。

そうしてやっと完成した、自信を持って施術にあたれる水溶性のオイルと専用の道具。この専用の道具も特許を取得することができました。個人規模のサロンにも導入でき、容易にシロダーラの施術を行うことができます。それによって、改めて、たくさんの人に喜んでいただけるメニューであることも再認識しました。

この「シロダーラ革命」の誕生は、本当にうれしかった。あきらめずに開発を続けてきて、本当によかったと思いました。起業をして心に残ることのひとつです。

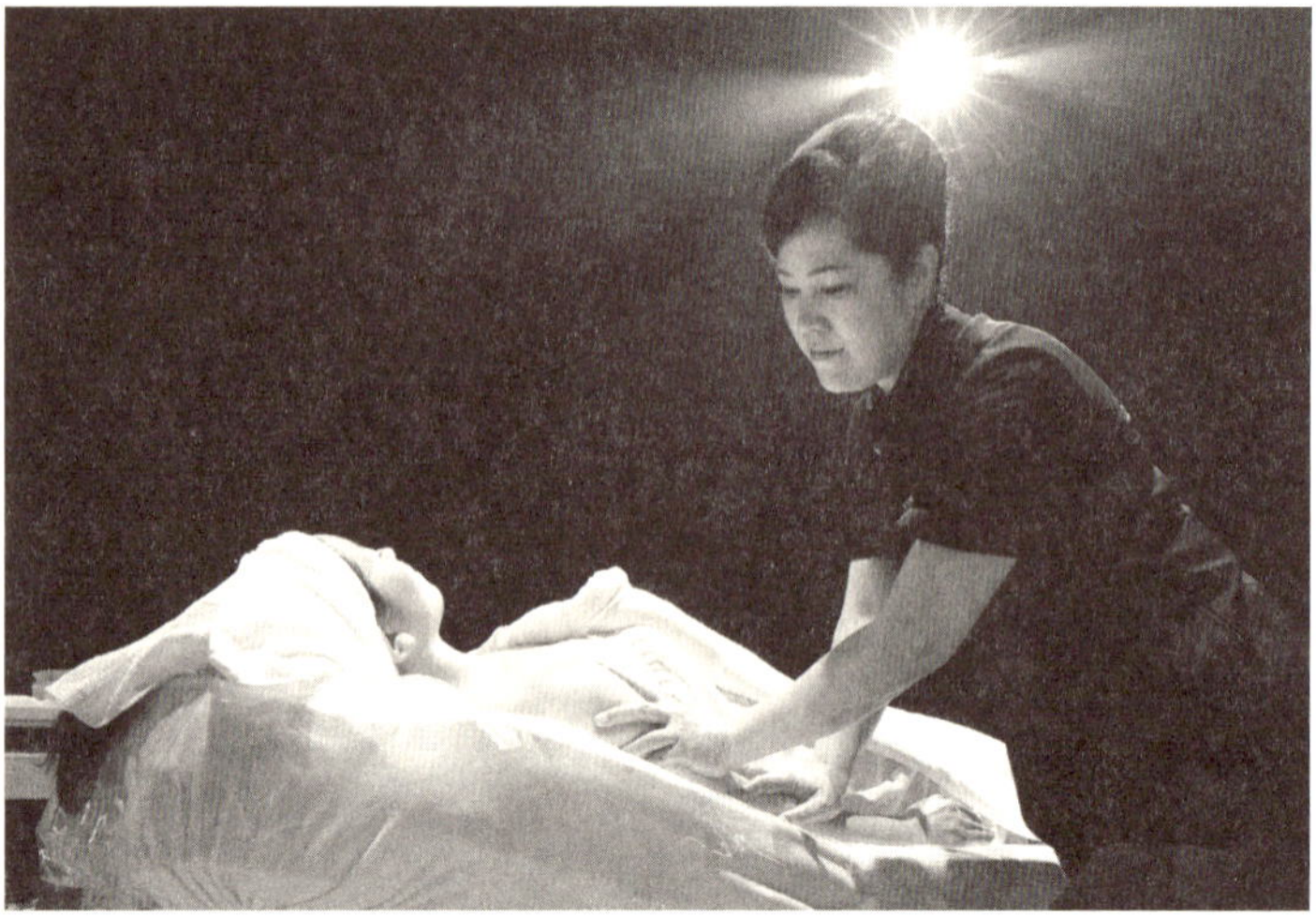
エステティックグランプリで各種の賞を受賞、デモンストレーションを行う機会も多数

経営は大事、けれど使命はもっと大事

サロン経営とシロダーラの手軽な施術法の開発に並行して、2010年にはセラピストスクールを開校しました。そのなかでも、エステティシャン、セラピストとしての施術も続けてきました。それは、施術後のお客様のすっきりした顔、安心した顔、うれしそうな顔を見るのが活力のもとだからです。この原点は変わりません。

2011年には、第1回エステティックグランプリの感動物語グランプリを受賞。翌年には同グランプリの顧客満足度関西第1位、フェイシャル技術部門グランプリをいただきました。これらの賞は宝です。もちろん、賞を取ることが目的ではありませんが、受賞は確かな技術とお客様に喜んでいただけた証だと思うからです。

シロダーラの魅力を広めるための活動も精力的に

15年には一般社団法人日本シロダーラ協会を設立することができ、ますますシロダーラを広めていく体制が整いました。幸いなことに、自分のスクール以外でも、エステティシャンとしての心得やシロダーラについて指導や教育、講演をさせていただいたり、美容の業界誌に原稿を書かせていただいたりと、シロダーラについて語る機会も増えています。

健康促進学会では、特別講演として学術発表させていただきました。エビデンスのある療法として、医療業界でも認められたことは感無量です。実際、ストレスや心身の不調だけでなく、重い病気で悩む人にも、医師の指導のもとシロダーラの施術を行うことがあります。結果、医師も驚くほどの回復に導くこともあります。今後は、予防ケアとしても、どんどん活用されてほしいと思います。

ただ、こうしてシロダーラが広まると、商品として扱いたいという人も出てきます。シロダーラ革命の設備だけ販売してほしいという声もたくさんいただきます。けれどシロダーラは、きちんと学び、しっかりした知識をつけたダーリストの手で行われることで効果が出ます。

人を健康にしたいという人が、その想いに技術と知識をプラスすることで成り立つ施術です。目先の利益に走って、設備だけを販売することはできません。シロダーラを守るためにも。

続けていくためには利益も必要ですが、使命をまっとうできなければ続ける意味がありません。心身の健康に関わる仕事はビジネスライクにはできない。してはいけないと思っています。

苦労を喜べる自分でいたい

経営のことを何も知らない素人が起業して、無我夢中でここまできました。スタッフ、セラピストやダーリストを目指す人々とともに学び、働くことでお客様の笑顔に出会えるこの仕事は、なんて素晴らしいのだろうと思います。

自分が信じたシロダーラを、世の中に広めていけることで、こんなにもやりがいが感じられることに感謝しています。

もちろん、時にはつらいこと、いやになってしまうようなこともありました。仕方のないことですが、一緒にがんばってきたスタッフが、家庭の事情などで辞めなければならない時など、心がちぎれるようなつらさを感じます。

それでも自分で決めて始めたことです。トリートメントに癒やされてしまったから、セラピストになるしかなかった。シロダーラに出合ってしまったから、より多くの人に施術ができるようにするしかなかった。

次はこうなるぞ。来年はこうするぞ。そんなふうに決めてきたわけではなく、自分が信じること、したいことを突き詰めるようにして進んできたところに、今があります。

迷った時や、立ち止まりそうになった時は、なんのために起業しようと思ったのかを思い出します。自分の想いを整理して見極めます。夢の実現や未来とは、自分がするべきことを極めた、その先に見えてくるものなのだと思います。

「苦労は肥やし」。私が自分自身に言い聞かせている言葉です。肥やしはくさいほど効くといいます。大きな苦労が来るほど、乗り越えた時に成長している自分がいる。苦労が降りかかってきた時は、肥やしをもらったと前を向いて乗り越えて行ける。そんなふうに生きて行きたいと思っています。

株式会社herstyle／株式会社hersell 代表
本林早苗

一人ひとりの能力を生かせるシステムづくりで女性らしさを生かした事業サポートを

profile

短大卒業後、プロゴルファーの秘書、現地に訪れる各界の著名人のアテンド、ゴルフ場運営会社の立ち上げのメインスタッフなどを務める。その後、企業の社長秘書として各業界で経験を積む。2013年、20年間の秘書業務の経験と実績から「アシスタント業における女性の雇用創出」をコンセプトとしたherstyleを、2017年には、キャリア女性をオンラインでつなぎ「完全オンライン型セールスサービス事業」を行うhersellを設立。女性が国内外どこにいても潜在能力を生かせる雇用形態の確立を意欲的に進めている。

会社概要

社　名●株式会社herstyle
所在地●名古屋市緑区鳴海町本町44

URL●http://www.herstyle.co.jp
代表取締役●本林早苗（もとばやし さなえ）
事業内容●新規事業支援、経理・事務・秘書業務のアシスタント業代行支援、各種研修やセミナーの運営支援、女性の活躍支援事業

社　名●株式会社hersell
所在地●名古屋市中村区名駅1-1-1 JPタワー名古屋21F

URL●https://www.hersell.jp/
代表取締役●本林早苗（もとばやし さなえ）
事業内容●完全オンライン型セールスサービス事業

20歳の決意「20年は修行、40歳で起業する」

私が起業を志したのは20歳の時。厳格な両親のもとで育った私は、母の望む短大に進学し、在学中から、企業イベントでの受付や案内係などのアルバイトに勤しんでいました。

アルバイトをするなかで、経営者の方々と接する機会も少なくありませんでした。イベント終了時などに食事に誘っていただけることもあり、食事中のたわいもない会話も、当時の私にはとても新鮮で勉強になることばかりでした。わくわく胸を躍らせながら聞いていたものです。

中学・高校生時代には一生懸命勉強をして上位の成績を保ちながらも、学外の友人や、年齢の離れた友人たちなど幅広く交流がありました。

そのような経験からか「君はおもしろいね」と興味をもっていただくことがありました。そこから、経営者の商談への同行や、プレゼンテーションの補佐など、秘書のような仕事が増え、短大卒業後は、声をかけていただいた企業に、社長秘書として所属することになりました。

秘書といっても事務やスケジュール管理という、一般的に秘書といわれる仕事ではありません。そういうスタッフは別にいて、私は社長の業務そのものをサポートする立場です。商談や交渉の席でのやりとりや、そこに至るまでの入念な準備など、とても勉強になりました。

その仕事を選んだのは「40歳になったら起業する」という目標のためでした。短大在学中から身近な

株式会社herstyle／株式会社hersell　代表　本林早苗

存在の経営者。そのパワーを肌で感じ「自分も将来は会社を経営し、思いをカタチにしよう」と決意。そのために社会でさまざまな経験を積もうと考えていました。

石の上にも3年といいますが、会社を経営するということの厳しさを目のあたりにしてわかり、未熟な自分では目的を成し遂げることはできないと思ったからです。

私が接してきたような立派な経営者になるためには、3年の社会経験では足りない。20年、広く社会を見て、いろいろな業界での仕事を経験しながら、一人前に仕事ができるようになろう。そのなかで、自分に何ができるか、何をすべきか見極めて、40歳で起業しよう。そのように人生プランを立てたのです。

初志貫徹でアウトソーシングの事務サポートを

出会った経営者の方々のなかには「経験を積んだうえで起業をしたい」という私に協力してくださる方が何人もいらっしゃいました。経営者の横のつながりというのは貴重なものです。希望する業界で社長とともに動く仕事を、次々と紹介していただきました。

広く多業種での経験を積むために、その業界のことを学んだら次の仕事に移るということを積み重ねて20年。関わっていただいた経営者の方々との人脈は、今では私の財産となっています。引き止めていただきながらも、次の会社に移っていく私を快く応援してくださった経営者の方々には、本当に感謝しています。

初志貫徹し40歳で独立。最初から株式にするのは不安でしたので、2年ほどは個人事業主として企業の業務サポートを手がけていました。私自身は企業の社長秘書業務。業務自体はそれまでと同じですが、業務委託として、自分で自分を企業に出向させるような形です。同時に、知人の紹介で来てくれたふたりのスタッフが、企業の細々とした事務業務のサポートをしていました。

そして、株式会社herstyleを設立。本林のもとで働きたい。スタッフとして登録したいという全国から寄せられる女性の声が増えるにつれ、多様性のある女性の人生を雇用という形でサポートしたいという想いが募ります。その目的を果たすために、このタイミングで法人化を決意したのです。

ビジネスがうまくいった時、迷った時、何かあるごとに訪れる愛宕神社

社内会議で熱く語っている著者

　これまでの実績から、スタッフも仕事も順調に増えていきました。herstyle創業時のメイン業務は事務サポートです。具体的には名刺の入力、経費のデータ化など、企業活動で発生する細々とした事務作業の代行が主な仕事でした。

　そういった仕事を受注し、本部スタッフが契約スタッフに振り分けます。事務作業というと軽く見られることもありますが、実は企業の根底を支えるものだと私は思っています。私が長年接してきた、実のあるしっかりした企業の経営者の方々は、それをわかっています。どうでもいい仕事だから外部に出すのではない。自社のベースとなる業務だから、プロに任せようとするのです。

　プロとしてそれを請け負うherstyleは、それに応えなければなりません。「プロに任せてよかった」と実感していただける成果を出さなければなりません。クライアントにとっては、本林のherstyleであると同時に、自社の仕事を手がけたスタッフ、頼んだ仕事の出来そのものがherstyleなのです。つまり、スタッフひとりひとりがherstyle。

私たちが売っているのは事務作業ではなく人なのです。そのためスタッフ教育は万全に。厳しい社内研修制度も確立しています。多くの希望者が訪れますが、とりあえず採用しておくということはしません。一度にたくさんの人を採って、まとめて研修をし、とりあえず簡単な仕事から任せてみるということもしません。たくさんのスタッフが必要ですが、面接時から厳選して採用しています。

学ぶこと、働くことに意欲がある人材を選び、しっかり教育して「適材適所」で仕事を任せる。私のクライアントも、どうでもいいような仕事をわざわざ発注したりはしません。大事な仕事だから任せてくださる。そういう関係が築けなければ、小さな会社は生き残れない。そして、herstyleの存在意義もないと思っています。

ふたつの会社の相乗効果で、よりよいソリューションを

たくさんの方々に支えられて、仕事は順調でした。けれどそこに押し寄せてきたのがアプリ開発やAIの波です。名刺管理アプリがリリースされた時「このままではやっていけない」ということを強く感じました。

単に事務的な作業をするソフトやアプリであれば負けません。けれどAIを搭載し、経験から学ぶ機能を持ったツールが進化していけば、ある程度の仕事は任せられるようになります。

一人ひとりの能力を生かせるシステムづくりで女性らしさを生かした事業サポートを

株式会社herstyle／株式会社herself　代表　本林早苗

人でなければできないこと。女性ならではの資質が生きること。これまでもそういった役割を担ってきた自負はありますが、今後はもっとそういう業務にフォーカスしていかなければ！

そうした想いから構想し、形になったのがherselfです。herstyleが企業の要望にあわせて、様々な作業を代行するのに対し、herselfは「完全オンライン型セールスサービス事業」を明確に打ち出しました。それまでherstyleでも、セールスやテレマーケティングの仕事を請け負うことがありましたが、電話営業に特化したherselfを設立したことによって、それぞれの分野で、クライアントのニーズに細かく対応することを狙いました。

オンラインとオフラインを最適な形で織り交ぜて新規事業から支援するherstyle。アプリやソフトを駆使し、完全オンライン型のサービスで、働く時間や場所の制約が多い女性の能力も生かせるherself。よりプロフェッショナルなサービスで、企業活動に貢献し、同時に、より多くの女性の能力を生かし、雇用機会を創出する。ふたつの会社が両輪となって、その実現を加速させるためにフル回転しています。

ひとりでも多くの女性に活躍の場を提供したい

今は、規模の大小に関わらず、多くの企業が先行きを模索している時ではないでしょうか。歴史のある大企業であっても、これまで通りのスタイルでは存続が危ぶまれる。B to Bで済んでいたものが、B to Cを意識しなければならなくなる。

「女性が働くとは？」をテーマにした勉強会

一方ではAI化が進み、業務によってはコンピュータに任せたほうがいいことが出てくる。そこで人の仕事が奪われると同時に、AIや各種ソフト、アプリなどを適正に効率よく使いこなせる人材が必要になる。飲食業界やコンビニ、今後増大するであろう介護や医療の現場では、人手不足が深刻になり続けている。

そういった人手のアンバランスを解決するにはどうしたらいいか。私たちが考えるその答えのひとつが、ダイバーシティ化や、それによる女性のキャリアを埋もれさせない工夫です。

全国150人のスタッフが活躍するherstyleの経営でわかったことは、女性の人生の多様性です。家庭のなかでも妻、母、嫁、娘など多くの役割を担っている。各人の事情にも想像を超えるバラエティがあります。

これだけ「働き方改革」や「ダイバーシティ」という言葉を耳にする今でも、現実としては育児や介護で離職を余儀なくされる女性が少なくありません。働きながらの育児や介護には、社会のシステムも、多くの企業の体制も、まだ整っていないのが実情です。

経験もやる気もある女性が、仕事の機会を奪われてしまう。それは本人だけでなく、優秀な人材を必要としている企業にとっても大きな損失です。ひいては社会的損失につながります。

そういった矛盾を少しでも解消したい。私はそれをずっと考え、目指してきました。面接から業務委託まですべてオンラインで、地球のどこにいても、どんな事情があっても働くことができる。そういったシステムをつくり拡大し、同時にクライアントを獲得することが私の役目だと考えています。herstyleとherself。ふたつが機能することで、さらに細やかに、ダイナミックに、クライアントの要望に応え、課題を解決していくベースが整いました。

大企業だからこそ、急激な方向転換がしにくい事情もあります。私たちのような小回りのきく小さな会社が、大企業に貢献できる部分が必ずある。今後、さらに増えてくる！　それは間違いないと思います。

企業の大小は、能力や社会貢献度の大小ではありません。それぞれが自分の使命や役割を果たすことが、多様性のある、誰もが自分らしく輝ける社会の構築に必要なのではないでしょうか。

仕事に、周囲に、家族に支えられて

「パワフルだね」と言われ、自分の道を迷いなく突っ走り続けると見られがちな私ですが、もちろん、落ち込むことや不安で眠れなくない夜もあります。herselfを創業した時には、過労で体調を崩し、心まで折れかかったことがありました。

仕事のせいでそんな風になりながらも、そこから立ち直らせてくれるのもやはり仕事でした。ひとりでも多くの女性に働く場を届けたい。意欲を埋もれされたり、あきらめさせたりしないよう、それぞれの事情や立場のなかでも働けるシステムや機会を提供したい。それによって、スキルを求めている企業の役に立ちたい。

「もう辞めてしまおうか」。そんなことがチラっと頭をよぎる時にも、スタッフやクライアントのことを考えると「私がしたくて始めたこと。今では多くの人が関わってくれている。こんなところで立ち止まっていてどうするんだ」と決意を新たにすることができます。

そしてもうひとつ、大きな支えとなってくれているのが家族や仲間の存在です。

あまりに仕事に没頭しすぎて、多忙なビジネスマンである夫と意見が対立したこともありました。夫と私は小学校から高校まで、ずっと一緒。互いの成長過程を見て、なんでも知っている特別な存在です。そう、まさに人生においての相棒。

そんな夫を困惑させてまでも仕事をするのか。自問自答の日々が続きました。

夫婦の転機がやってきたのは、herstyleで受けた大規模なフォーラムの仕事に追われている頃でした。全国を回ったフォーラムが地元名古屋で最終日を迎える。大仕事の集大成ともいえる日、夫はこっそり海外出張からの帰国日を早めて、そのフォーラムに潜り込んでいたのです。

何も知らず忙しく最終日を終えた私は、大成功ということで記者会見もさせていただきました。クライアントにねぎらわれ、ほっとして家に帰ると、フランスにいるはずの夫がいます。

驚く私に「お前はすごいな」と一言。「お前の仕事のこと、わかろうともしていなかった。あれだけの仕事をするお前は、いろいろな人や場に貢献しているんだな。他の仕事の話も聞きたい」と言ってくれたのです。

その後、ふたりでいろいろなことを話し合いました。ふたりで今後の人生の年表をつくったりもしました。改めて、これからもずっと一緒に歩いていきたいと思いました。

以後、夫は家事にもとても協力的です。私が仕事で遅い日には、家事をこなしてくれています。厳しい仕事にさらされている者同士、家のなかではお互いに無理をせず、それぞれできることをしよう。自然にそうなりました。金曜日にはふたりで週末の過ごし方を相談するのが楽しみになっています。

また、同じ志を持って進める女性経営者にも出会いました。なれあいの関係になることなく、それぞれができることで仕事を広げあう。同時に、仕事の悩みも喜びも共有できる心の支えでもある。そんな存在が自然にそばにいてくれることで、もっと頑張れるしアイデアも広がります。

クライアントに確かな成果を届けられるスタッフの存在も大きいです。「量ではなく質で勝負しています」。自信を持ってそう言い切れるスタッフが、どんどん育ってくれています。

私生活も仕事も、出会いのすべてがかけがえのないものであり、目標を実現する糧、進み続ける原動力になってくれる。だから何があっても迷いなく進み続けられる。

私は死ぬまで仕事をしたい。「この道を自分で選んだのだ」と言いたい。そういう風に言える女性を、ひとりでも増やしたい。そういう軸のもとに、家族や周囲にも応援してもらえるような女性の生き方を応援したい。女性の能力がそれぞれの形で生かせる社会を目指し、女性らしさを生かしてよりよい未来を築きたい。その想いがブレることはありません。

株式会社エターナル　代表取締役　**大谷代何**

芸能経験を生かして、「タレント級の一流オーラ」を創ります！

profile

東京都港区出身。ファッションデザイナーの父の元に生まれ、18歳～23歳まで大手芸能プロダクションに所属、タレント活動を行う。23歳の時に交通事故に遭ったが、歌手として復帰。26歳で日本代表として『上海音楽祭』に出演して金賞を受賞。2004年、父が他界したことを機にモデル事務所を設立。2008年にリラクゼーションスパをオープン。2011年、思い描いていたサロンとの違いに悩み、心機一転ハワイに短期移住。ハワイでリラクゼーションの技術を習得。帰国後、36歳でマンションの一室を借りて、自分の思い描く美容サロンを再スタート。インディバや骨気（コルギ）の施術資格も取得し、2年後に、恵比寿で「一戸建て完全予約制サロン」をオープン。現在はサロンオーナーを務める傍ら、芸能経験を生かしたビューティーライフコーチとして活躍。サロンや飲食店のプロデュースやセミナー講師、講演なども行っている。（社）予防医療研究協会理事、2017年ミス・ユニバース日本代表レッスン講師。

会社概要

社　　名●株式会社エターナル

所 在 地●東京都渋谷区恵比寿4丁目5-13　カーサ恵比寿壱番館201

U　R　L●http://www.eternal-beautysalon.com/

Crea Otani オフィシャルウェブサイト
http://www.crea-otani.com/

代表取締役●大谷代何（おおたに くれあ）

事業内容●エステティックサロン、スクール事業、コンサルティング、パーソナルプロデュース

2011年、振り返って思えば、この年が美容の道を選んだ私にとって大きな転機になったといえます。この年には、東日本大震災が起こりましたので、私個人にとっても日本にとっても記憶から消すことができない年になりました。どういう出来事があったのか、それをお話しする前に、2011年を迎えるまでのヒストリーをお話しします。

タレント活動が一転、交通事故で仕事ゼロに

私の『代何《くれあ》』という名前は、ファッションデザイナーの父親が付けたものです。日本語では読みにくいのですが、英語で「Crea」と発音しやすく、世界を舞台に羽ばたいて欲しいという想いをこめているんだよと、物心ついた頃教えられました。一人っ子で、両親の期待を一身に背負っていたのですが、小さい頃は外に出て目立つのがイヤでした。内向的な性格を心配した母は、子役の養成で有名な劇団へのオーディションを勧めます。半ば強制的でしたがオーディションに合格し、3歳から入団。お芝居の勉強をしながら、子役の仕事をしていました。退団後、大学に通いながら23歳まで芸能プロダクションに所属、モデルや女優、タレントの仕事をいただいていました。

しかしながら23歳のある日、この生活は一瞬で奪われます。交通事故に遭い大けがをしてしまったのです。それまでの番組はすべて降板に。1年間休業という事態に追い込まれ、収入はゼロでした。

「もう芸能活動は無理！」と、精神的にも落ち込む毎日でしたが、心のどこかであきらめきれず、今までの芸能活動でやってこなかった苦手な分野に挑戦してみよう、それがだめなら、今度こそあきらめよう、と思ったのです。

最初の起業は「モデル事務所」でした

今までやってこなかった分野とは「歌」。自分のなかで苦手意識があり、10年以上の芸能活動で唯一やってこなかったのですが、なんとかしたい一念でデモテープを大手レーベルに郵送しました。それが運よく認められて、CDデビューに至ります。

日本代表として『上海音楽祭』に出演し、金賞を受賞したのは26歳でした。今まで苦手だった歌を克服したことが、その後の自信につながった気がします。

金賞受賞から3年経って、29歳のとき父が他界しました。世界に羽ばたけと見守ってくれていた父を失い、今までのように夢を追うだけではダメだと思いはじめました。もっとしっかり生きていこう、との思いが強くなり起業しました。とはいえ、就職した経験がないので、仕事としてわかるのは、自分が所属していた芸能プロダクションのことくらいでした。そこで、自分の事務所を起業。最初は一人で始めて大きくしたのですが、最終的に300人ほど登録モデルを抱えるようになりました。

起業して3年後、知り合いから「西麻布に居ぬきの美容店舗があるので、オーナーとしてやってくれないか?」という話が舞い込みました。小さい頃からモデルの仕事をやっていましたから、美容には関心が強く、素人なりに深く勉強していました。芸能プロダクションを経営しながら、まわりの人たちに「美容サロンのお店をやりたい!」と口癖のように言っていたので、声をかけてくれたのでしょう。

店舗は2フロアで10部屋くらいの規模。自分に施術のスキルがないので、スタッフを募集しました。内装にもお金をかけ、スタッフもそろえてオープン。当時、お昼のTV番組で「働く女性社長」を紹介するコーナーがあり、そこで紹介されたのも絶好のタイミングでした。メディアの追い風を受け、スムーズに軌道に乗り、売り上げも順調に伸びました。

自宅にて

でも、自分の中で葛藤が生まれたのです。わたしは、立場は代表であっても自分で施術ができません。そのため、スタッフに言いたいことがあっても、なかなか言えない。自分が施術できたら、メニューもいろいろつくれ、やりたいようにできるのに……、そんなモヤモヤした気持ちが溜まっていきました。

すべてをリセットして「ハワイ」へ単身移住

これが36歳の時。冒頭において、わたしの転機となった年と紹介した2011年です。「本当にこのままサロンをやりたいのか？」、自分で何度も何度も悩みましたが、ちょうどこの頃、プライベートや仕事でもいろいろありました。気持ちがふさぎ込み、人間不信にも陥ったほどで、「とにかく一人になり自分と向き合いたい！」それがわたしの出した結論でした。日本にいたくなくて、めざした先は直感で「ハワイ」でした。ハワイは1、2度しか行ったことがなく、知人がいるわけでもありません。決断、行動は早いので、4月2日出発の航空券を手配し、3カ月移住することに。土地勘もなければ、知り合いもいない。お金もたいしてありません。安く暮らすために、ルームシェアを探しました。

3月11日、福島県沖で大地震が起こったのは、今まで住んでいた部屋を解約する手続きをしている最中でした。その日以降、津波や原発事故もあり、日本全体が大混乱に陥りました。東京でもガソリンを入れるために車が何時間も並んで待っているんです。こんな時期に日本を出てもいいものか、と自問しましたが、決めたことなので混乱のなか引っ越しを済ませ、予定通り4月2日にハワイへ旅立ちました。

優雅なハワイ旅行ではなく、気持ちの整理がつかないままの旅立ちでした。でも、「失ったものは大きいけど、その何倍にもプラスを得て帰ってこよう」と、自分に言い聞かせていました。

ハワイに着いて、しばらくは本当に何もしませんでした。1日がとても長く感じられました。でもなんとかなるもの。出会った友人から誘われたイベントに参加して、ゼロから1歩ずつ前に進みました。1カ月ほど経ち、少し慣れてきた頃、リラクゼーションの技術を教える学校に通うことにしました。友達はいない、先生は外国人。テストの手技の練習はアイテムがなかったので、枕を使って練習しました。無事ディプロマの試験に合格、当時の師匠とは、今も親しくおつきあいしています。

一方、数少ない友人から誘われてノースショアへ向かう途中、日本から来ている3人の女性と遭遇。そのひとりが今の店長です。彼女は10歳年下で当時ネイリスト。わたしと同じように、人生をリセットしたくてハワイに来ていました。とてもオープンマインドな人で、その日以来毎日のように会っていました。彼女はわたしより1カ月早く帰国。その時「帰ったら、東京でエステサロンをオープンするから、いつか一緒に美容サロンができたらいいね」と伝えました。今思えば、「運命の出会い」でした。

ハワイ単身移住の3カ月間、自分の見つめ直し方、ひとりでの過ごし方、友達の作り方、外国人との接し方など、数えきれないほど多くの体験をしました。自分と向き合いすぎて、わからなくなることもありましたが、結果、見えたのは美容サロンをやりたいということ。これが自分のなかで明確になり、真の意味で地に足がついたのだと思います。

帰国後の夢は、「一戸建て完全予約制のサロン」を持つこと

帰国して、まずは家探しです。心機一転、リスタートするにあたり、恵比寿でサロンを兼ねたマンションを探しました。お客様が来やすいように、できるだけ駅に近いところがいいだろうと駅徒歩1分の部屋に決めました。そのぶん家賃が高くなりました。ハワイで節約はしましたが、帰国した時点で、3カ月分の家賃と生活費くらいの資金しか残っていません。さらに、問題は室内です。殺風景なままの空間では、お客様を呼べません。サロンにはどこか非日常的な空間づくりが求められます。自分もワクワクできるお部屋で美容の仕事をしたかったので、ちょっと無理をして内装にもお金をかけました。

サロンにベッドを1台置いて、いよいよオープン。住居専用のマンションでしたので、店舗として堂々と広告できず口コミだけの集客です。最初の頃はお客様がほとんど来ませんから、終日一人でぼんやりしていることもありました。こんな状態では、収入があがらないので、どこかアルバイトに行こうかと思ったこともあります。でも、アルバイトをしてサロンを離れると、予約が受けられなくなります。時間はたっぷりありましたから、ヒマな時はサロンで施術の練習をし、コツコツ励みました。

ある日こんなこともありました。予約が入っていなかったので小田原に出かけていたことがありま

す。そんな日に限って、携帯電話が鳴るのです。「今からお願いしたいけど、どうかしら？」というお客様からの声。小田原からすっ飛んで帰り対応しました。そういった急な仕事もお断りせず、地道にリピート客を増やしました。

リピートしていただけるお客様が増えてきたこともあり、サロンではいいものを提供したいと考え、オープンしてから3カ月目にローンを組んで『インディバ』を導入しました。インディバというのは、がんの医療補助機ですが、美容でも使われています。高周波を利用して体内の温度を局所的に最大7度も上昇させることができる温熱機器で痩身に効果的とされているのです。

実際、お客様からの評判もよく、半年後には月収150万円ほどになりました。いそがしくて、ひとりでの施術はもう限界。そこでハワイで一緒だった彼女に電話をしたのです。

韓国の技術のひとつに『骨気《コルギ》』があります。小顔矯正の技術ですが、十年前は日本ではまだ一般的でなく、1回十万円ほどかかるものでした。この骨気のブームが来ると確信して、韓国まで弾丸で施術を受けに行ったのを覚えています。

愛犬とともに

恵比寿の最初のサロンを引っ越し、ベッドが2台置けるマンションを借りました。ハワイで一緒だった彼女と2人での美容サロンです。ハワイ仕込みのリラクゼーションとインディバと骨気、この組み合わせは他の店にはありません。

これが大ブレークして、半年後には起業時に考えていた夢が叶いました。

これまでの経験を生かして、ビューティーライフコーチへ

起業時の夢とは、「一戸建てで完全予約制の美容サロンを開く」ということ。36歳で起業して3年目で花が開いたということになります。一戸建てにこだわったのは、エステからリラクゼーションまで、すべてのメニューをその場でできるようにしたかったから。起業して3度目の引っ越しです。3階建ての家を借り、ベッドは5台。ようやく正規に広告を打ちました。お客様からの評判や反響が良く、口コミランキング1位になりました。また「神エステ100選」にも選ばれました。今までの口コミだけの集客に比べ、SNSの効果は比較にならないほど大きく、今では芸能人やドクターがお墨付きでプライベートに訪れるサロンに成長しました。月間来店者数が約230名です。

ベッド5台がフル回転、スタッフとの関係も良く、売り上げも順調でしたが、3年後に方向転換を決断しました。わたしが考えていたのは多角経営ではなかったからです。

もともと美容の仕事をはじめた理由のひとつは、わたしの施術で女性が輝くように変わるのが好きだったから。また施術するうえで、「健、心、美」を大事にしています。「健」は外見がキレイでも身体が健康でないと、本当のキレイではありません。「心」が疲れていると前向きになりません。「美」は年齢を気にせずに外見美を楽しみたいもの。「健、心、美」、3つがバランスよく取れている状態が真の「美」と考えます。この原点に立ち帰り、多角的に広げるのでなく、じっくりお客様と向き合っていくことを優先。そのため、ひとまわり小さい一戸建てに引っ越し、ベッド数を5台から2台に減らしました。

ベッド数の縮小は、当時プライベートで妊活中だったというのも理由になるかもしれません。昔から子どもが大好きで、子どもが欲しかったのですが、仕事をしていたこともあり、「まだいいや」と思っているうちに、38歳になっていたのです。友人からは、「今から妊活？ 遅いよ」と言われましたが、5年間あきらめずに不妊治療を続け、3度の流産に苦しみ4度めで幸いにも妊娠することができました。

経験を生かしてビューティーライフコーチへ

出産、育児は初めての経験。仕事との両立も必要になってきます。施術はいったん店長やスタッフにまかせ、自分の経験を生かしてできることを模索しました。

そこで思いついたのがカウンセリングです。学生の頃、友達の相談にのり、朝までじっくり話を聞いてあげたことが何度もありました。サロンでお客様の悩みを聞き、その人がどうすればいいかを導く。その人のゴールを一緒に考えるような仕事ができればと考えました。私自身、いろいろ悩みながらここまで来ました。ひと通り経験しているので、多岐にわたる悩みに対応できるはず。エステで外見を輝かすだけでなく、さらにメンタルも変えて輝かせてあげたい、そう思ったのです。

以降、約10年の芸能生活と美容の経験を生かしたビューティーライフコーチとして活動を始めました。芸能界で仕事をしていた関係で、タレントやモデル希望のお客様も少なくありません。例えば、タレントさんになりたいというお客様が来られたら、その人の夢が叶うよう、二人三脚でゴールをめざします。エステだけでなく、自分の人脈から仕事を紹介したり、写真で美しく撮られる方法など、実際に役立つスキルをコーチ。「タレント級の一流オーラ」を放てるようにプロデュースいたします。

ビューティーライフコーチとして接客

２０１７年のトピックスは、なんといっても「２０１７年ミスユニバース日本代表の阿部桃子さん」のビューティーコーチングを務めさせていただいたことです。世界大会に向けて、メンタルとビューティーのコーチの一人として関わったことで、自分自身の勉強になり、また自信にもなりました。これからも女性が美しく輝けるように、美のディレクターとして、いろいろな経験を積んでいきたいと思っています。

これから起業をめざすあなたへ

起業をしたい女性は多いと思います。でもあれこれ考えすぎて、動けないでいる人も多いのではないでしょうか。起業したいからセミナーに参加したり、学校に行ってみようとするケースもあるでしょうが、それよりは、まず起業してみることをお勧めします。行動することが大事です。学校は、起業した後で行っても大丈夫です。

ベビーシャワーパーティーにて

それでも迷いや怖さが先立つなら、まだ起業の時期ではないのかもしれません。いったん、見合わせたほうがいいでしょう。というのも、「決断する」ことはとても大事なのです。起業したら、毎日が決断の連続ですから。自分で決めなければ、決めてくれる人はいません。夢を叶えるために、ぜひ動き始めてくださいね。

株式会社プラススマイル　代表

濱崎明子

逆境は未来の糧、
エネルギーに変えて働く!
互いの想いや生き方を
共有できる社会のために

profile

三重大学人文学部卒業後、日本生命保険相互会社の営業職につく。出産のため寿退社し、夫の経営する商社にて営業事務、経理として従事。2011年心理カウンセラー、離婚カウンセラーの資格を取得し、夫婦関係の改善を中心に多くのカウンセリングセッションを行う。2013年カウンセリングルーム＋smile設立。同年アンガーマネジメントファシリテーター資格取得。2014年3月、日本アンガーマネジメント協会の東海支部を立ち上げ、支部長（元）を2期4年間務めながらアンガーマネジメント啓蒙のため、各種講座やイベント開催、キッズインストラクター養成など精力的に活動を展開。全国各地で登壇し、今までの受講者数は1万人に及ぶ。2017年3月、株式会社プラススマイル設立。

会社概要

社　　名● 株式会社プラススマイル
所 在 地● 愛知県長久手市喜婦嶽917

U R L● http://plus-smile.com/
代表取締役● 濱崎明子（はまさき あきこ）
事業内容● 人材育成支援『アンガーマネジメント研修』『男女脳差理解スキル研修』など／コンサルティング・相談／講演会、安全大会などの講演

のんびりした生活に浮かび上がった「起業へのひとこと」

私の話は、少数派の女性にしか参考にならないかもしれません。なぜなら私、社長になるつもりはなかったから。そんな私の起業ストーリーです。

起業をする、株式会社を設立する。それは10年前までの私が想像もしていなかったことです。大学を卒業し、生命保険会社に就職。数年勤めて結婚妊娠、退職。妻として家事をし、母として子どもを育てる。絵にかいたような結婚生活に不満はなく、かわいい子どもたちと過ごす時間は宝物のように楽しい毎日でした。私は、独学でウェブサイトの運営などをしつつも、のんびり子育て生活を満喫していました。

子どもが乳幼児期を終えた頃から、義父が経営する会社を少しずつ手伝うようになりました。その頃地域で評判のよかった保育園に入園させるためと、少々不純な動機で働き始めましたので、週に2~3日、2歳になる息子を連れての子連れ出勤というスタイル。私の仕事復帰は、身内ならではの自由が利く復職という再スタートでした。

その2年後、義父の他界で、夫が会社を継ぐことになりました。その頃から景気がよくなり会社の業績は急上昇。それに伴い事務所の移転や組織構成も変わり、私の働く環境も夫の言動も徐々に変化をしていきました。

株式会社プラススマイル　代表　濱崎明子

今までは手伝い程度に仕事をしていても、夫は私に何も言わなかったのに、突然「何か仕事したら？」と言い始めました。自分は社長として責任を背負っているのに、私は遊んでばかりのように見られていたのかもしれません。

夫本人は忘れているかもしれませんが、私の起業のきっかけとなったのは、実はこの「ひとこと」なのです。

夫婦の危機と突然の自立「転んでもただでは起きない」

当時の夫は、名古屋で有名な夜の繁華街に週に4～5日は出かけていました。中小企業の社長として、ある程度のおつきあいは仕方ないでしょう。しかし毎晩深夜まで飲み歩いて、帰宅は毎日午前様。毎日そんな生活では、家族と話をすることも、顔すらあわせる時間もほとんどない状態でした。

「社長はどうして定時に出社しないの？」という会社での周囲の目もいやでした。しかし私がそのことを注意しても夫の機嫌が悪くなるだけ。それに何より子育てに協力もせず、私との会話すらない毎日。気になり始めるとさまざまなことを悪く悪く捉え、どんどんストレスが溜まっていきました。

ついに私は、離婚を考えるようになりました。しかし生来の負けず嫌いの性格から離婚するなら有利にことを運びたい。転んでもただでは起きないためにも離婚について理解を深めようと決心し、さまざまなことを調べました。その時知った離婚カウンセラーという職業。このような場合、多くの女性はカウンセラーに相談するのでしょうが、私の決断は「いっそ離婚カウンセラーになろう！」でした。

調べてみると、ちょうど名古屋で養成講座が開校されるところでしたので、すぐに申し込み、受講しました。

今まで夫の会社で働いてきたので、まずは自分自身が自立するためにも資格を取得し、きたるべき離婚に備えたいと考えたのです。

講座や各種イベント、雑誌などでも発信

夫婦の関係を変えた「北風と太陽作戦」と発信者としての一歩

偶然にもタッチの差で受講できた離婚カウンセラー養成講座では、ケーススタディとして多くの夫婦の問題に取り組みます。私は受講の半年間で、当たり前と考える夫婦のカタチ以外にも夫婦の数だけカタチがあるということ、正解不正解はなく、夫婦のカタチはそれぞれがつくりあげていくものだということに気づかされました。

そして脳の違いからも、男性と女性は物事の捉え方や考え方、行動が違うということを知り、不満に感じた時は、その都度理由を夫に聞くようにしました。聞けば聞くほどさまざまなことが違い、理解するためにはコミュニケーションが必要だとわかり、お互いの誤解も次第に解けていきました。

そうとはいえ、夫が毎晩飲み歩くことに対する怒りや不安がすっかり消えたというわけではありません。

今までは「何時に帰るの？」「家族より自分が一番だよね」など文句や嫌味を言ってばかりでしたが、一切やめました。そして私はカウンセラーという職業であることを思い出し、ここは相手の立場に立って考えてみる『北風と太陽作戦』をとることにしました。

「社長としてお客様を接待するためにも馴染みのお店を多く持つことや、わがままも聞いてもらえるような上客でいることも必要だよね。でも毎晩遅いのはあなたの身体が心配だから気をつけてね」と帰りの遅い夫を責めるのではなく、夫の立場を理解してねぎらう、その身体を心配する。

それを実行したところ、私の文句にイライラで返してきていた夫も「ひとりで子育てをさせて悪いな」「いつもありがとう」と。私は『自分を否定していた妻』から『理解してくれる妻』へと大変身し、夫婦関係は劇的にV字回復していったのでした。

ちょうどその頃から、所属した『くれたけ心理相談室』でも少しずつカウンセラーの仕事をさせていただくようになりました。夫婦問題のカウンセリングを重ねるうちに、私には経営者層のクライアント様が多いことに気づきました。多くは私のプロフィールを見てお申し込みいただいていたのですが、やはりご自分と姿を重ねていらっしゃる方がほとんどでした。

私だけでなく経営者の妻は、上司がおらず誰も指摘してくれない夫の行動は、自分が正さないといけないのかもしれない……と考えている方がとても多いです。しかし指摘することにより夫は「妻は理解してくれていない」と不満に感じ、夫婦関係は崩れていく……この負の連鎖が本当に多いとカウンセリングで何度も実感しました。経営者の奥様を幸せにする『幸せプラン』を特別にプランニングしたのも、私たちの苦い経験を生かせたら……という願いからでした。

偶然の積み重ねでアンガーマネジメントを伝える人に

また、そういった多くのカウンセリングのなかで、過去の私や私たち夫婦に似た関係の方々に出会いましたが、そのなかで一番深刻だと感じた問題がありました。それは『産後クライシス』です。
この問題は解決する時期がとても大切だと考え、「もし10年後、誰もカウンセリングに来なくなったって良い。離婚問題に発展する前に、今、多くの夫婦に問題提起に行きたい！」とカウンセリングルームを飛び出すことを決意し、講座開催やイベント、ブログで発信するための行動を始めました。

ラッキーなことに、すぐに講座やイベントでの登壇依頼、雑誌の取材依頼などの機会をいただき、私は発信者としての一歩を歩き始めました。

アンガーマネジメントとの出合い。「私はやっぱり伝える人になろう」

アンガーマネジメントとの出合いも、これまた偶然。

カウンセラーのご縁から、立ち上がったばかりのNPO法人の事務局を担当することになり、その勉強会でアンガーマネジメントに出合いました。

私にとっては当たり前の「怒った時のテクニック」は、誰もがやっていることではないことを知り驚きました。カウンセリングに使えるとピンときた私は、さっそくHPを調べ、一般社団法人日本アンガーマネジメント協会ではアンガーマネジメントファシリテーター養成講座を開催しており、そこで怒りと上手につきあうための理論や技術が体系的に学べることを知りました。

アンガーマネジメントは、子育てママをはじめクライアント様など多くの方に有益であることから、私が次に学ぶものはアンガーマネジメントであると判断し、すぐに養成講座へと向かいました。その帰り道で「日本中でアンガーマネジメントを伝える人になる！」と宣言。1カ月後には、アンガーマネジメントファシリテーター資格を取得し今に至ります。

実は自分ではそんなに必要としないアンガーマネジメントを、どうしてそんなに急いで取得したのか、それは今まで多くの歯がゆい経験があったから。

子育てママ時期を大いに満喫した私には、たくさんのママ友がいました。誰もが子育てのなかで悩み、怒り、また自己嫌悪する……この負の連鎖をなくしたいと、その頃いつも友達の話を聞いていました。

当時の私が伝えられることは考え方の部分が多く、友人には、できない・参考にならない場合もあり、悩んだことも歯がゆい経験も多々ありました。

アンガーマネジメントは、怒りと上手につきあうための心理トレーニング。テクニックを毎日練習すれば、忙しいママ達でもアンガーマネジメントができるようになるのです。技術はトレーニングで上達するのです。

気合いと根性ではない、怒りとのつきあい方。これはカウンセリングでも効果を発揮します。

「気づいたら、無駄に怒ってないかも……」「もう過去の話はどうでもいいや」「ちゃんと相手に腹が立ったこと伝えられました！」と、誰もが適切に怒りを対処できるようになっていたのです。

奇しくも、アンガーマネジメントの講座デビューもまたまた偶然。

アンガーマネジメント資格取得後、偶然入ったお店で「アンガーマネジメントを学びたい」という常連さんのひとことで、お店で初回講座を開催することに。1名かと心配した初回講座に10名もの方が集まってくれました。

不思議だったのは、その頃いつも感想に「アンガーマネジメントを今回学び、人生が変わる気がする」というお声をいただいていたこと。素直な私（笑）はこれを読み、『私はアンガーマネジメントを社会に広めていかなくてはいけない！』と使命を感じてしまったわけです。

東海地区にアンガーマネジメントを！　始動「3年間で広める作戦」

アンガーマネジメントを社会に広めるため、私は3カ年計画を立てました。

1年目は『アンガーマネジメント』という言葉を知ってもらおうと、講座開催だけでなくイベントブース出展やプレゼンテーション大会などあらゆるものに出ていました。

2年目は、前年の活動から少しは周囲には認知されたことで、「お金は払えないけど……」と講演の登壇やブース出展の依頼が舞い込んで来るように。

3年目は、正式に自治体や企業などから研修依頼や講演依頼、メディアの取材などを受けるまでに変わりました。

今考えると、1年目はブース代・参加費を払い『アンガーマネジメント』の宣伝をしていましたが、2年目はそれが無料になり、3年目には逆に講師料をいただけるように変化しています。1年目に思い切

子どもやママ、大手企業のビジネスマンにも講演を。受講者数は1万人以上

りよく、自腹を切っていてよかったと思います。ビジネスって決断は早く、なおかつ思い切りよく進むことが大切だと実践から学んだ私でした。

少し前を歩く先輩としてのアドバイス「関わる人に笑顔と勇気を」

多くの大手企業様での登壇機会をいただき、アンガーマネジメントをお伝えしていくうえで、個人事業主よりも社会的な責任を持とうと法人化しました。

起業する女性たちのなかで、偶然が重なり起業した私は異色だと思います。夫の「何か仕事したら？」の言葉がなかったら、夫婦円満だったら、アンガーマネジメントと出合わなかったら、今も私はのんびり趣味のスポーツを楽しむ主婦だったかもしれません。

そんな私が、これから起業したい女性や現在キャリアストップしている女性たちにお伝えしたいことはただひとつ。それはすべての出来事がこれからの未来の糧になるということ。それは逆境でも同じことです。

私が講師歴もないのに何百人の前でも平気で話せるのは、ＰＴＡを歴任し人前でマイクを握ってきたから。

文章が書けるのは、ブログを書き続けてきたから。

子育て関連の登壇依頼が遠方からもいただけるのは、手のかかる子どもを育てた先輩ママのアドバイスを発信し続けてきたから。

アンガーマネジメントに興味を持ったのは、怒りっぽい友人がいたことや、その時何もできない歯がゆい経験をしたから。

そして夫婦問題について語れるのは、そもそも夫婦仲が悪かったから。

その時、その場所で、真剣に取り組んできたからこそ、過去の自分自身の経験は、今の自分を支えてくれるのです。

今何もできていないようでも、できていることは必ずあります。そして経験は毎日の出来事の繰り返しです。未来を不安に感じる時もあるでしょう。でも本当に何が起こるのか未来は誰にもわかりません。

私の5年後も分かりません。何をしているのか、どこにいるのかさえ。不安に思わないかって？ いえ、これは楽しみ、ワクワクですね。出来事をどう捉えるのかも自分自身で決めればいいのです。

昔から変わらない私のミッション「関わる人に笑顔と勇気を」届けるためにも、これからも先頭を切って走り続けていきます。私の姿を見て一緒に広めたいと言ってくれる仲間とともに、いつか必要な人たちに届くようこれからも挑み続けます。

この本を手に取っていただき、私の章を読んでいただいたみなさまにも少しでも笑顔と勇気を届けることができますように。


最後に、いつも支えてくれる多くのみなさま、そして家族に感謝します。

「いつも、ありがとう」。

キッチュナ 代表 佐藤なこ

企画力と実行力が強み 自由な発想で帽子を出張販売

profile

福島県郡山市生まれ。高校卒業後に上京。アパレル会社で働くが体調を崩し、実家に帰省。実家で編み始めたニット帽を地元の野外フェスやフリマに出展したところ好評。地元と東京のカフェやブティックでの委託販売を始める。25歳で郡山駅近くの店舗の一角でアトリエ兼ショップを始め、その後店を引き継ぎ、帽子と雑貨のお店をスタート。3年後に実店舗を閉じ、仙台、郡山、東京などで出張販売に切り替える。30歳で帽子販売をいったん休止、ブライダル関係に就職、34歳で退社。札幌に移住。デパートでのポップアップとクリエイター企画を始める。同時に東京、北海道内での出張販売も続けつつ、36歳で再び地元に。現在は地元を拠点に北海道、仙台、東京への出張販売を続けつつ、自社製品の海外への輸出に向けて動き始めている。

会社概要

屋号	キッチュナ
所在地	福島県郡山市大槻町字南反田35-23
URL	http://www.kittyuna-and-nacoknit.net/
代表	佐藤なこ（さとう なこ）
事業内容	ニット帽、雑貨など製造、販売、企画

「オリジナルのニットグッズや日本の帽子作家がつくる質のいい帽子をメインに商いをしています」なんて言うと、さぞかし小さい頃から手芸好きで、そういう学校に進んで勉強したのでしょう、と思われることが多いのですが、そんなことはありません。全くの独学、しいて言えば母に編み物を教わったことがある程度。しかも、編み物を始めたきっかけは、「ひまつぶし」からです。

ひまつぶしで編み始めたカラフルなニット帽

高校を卒業して、東京の専門学校に入学のために上京。学校に行きつつ、輸入ブランドの会社でアルバイトをしていました。正月には必ず実家の福島県郡山市に帰省するのですが、その時、母に簡単なニット帽のつくり方を教えてもらい自分用のニット帽をつくってみたところ、思った以上にいい感じに仕上がりました。

東京に戻り、アルバイト先に被って行ったら、同僚に「そのニット帽、いいわね。私にもつくって！」と声を掛けられたのです。頼まれてつくったのはこれが最初でした。働いていた会社のブランド品と比べると、私の帽子は雑貨レベルですが、色の組み合わせが特徴的で、かなり派手でカラフル。でもそこが素敵と、同僚たちから褒められました。

キッチュナ　代表　佐藤なこ

公園でお気に入りの帽子と編み物を楽しむ

つくりためたニット帽を委託販売

思いつきでつくったニット帽が、仕事となったきっかけは、東京から田舎に帰ってからのことです。東京で5年ほど暮らしていましたが、23歳の時に、体調を崩してしまいます。一人暮らしができないくらい弱ってしまい、養生をするため郡山の実家に戻りました。実家に戻っても、とても仕事に出られる状態ではありません。家の中にいても時間を持て余すので、ひまつぶしで編み物をするようになったのです。当時、田舎でハンドメイドフェスはまだ開かれていませんでしたが、フリーマーケットや音楽の野外フェスはありました。ひまつぶしでつくっていたニット帽は、数も揃ってきたので、一度フリマや野外フェスのブースに出店してみたいと思い始めたのです。

東京でブランド品を売る仕事はしていましたから、モノをつくるスキルは整っていないものの、売るスキルはありました。また街を歩いたり東京の友人の紹介でカフェやブティックなど5店舗で委託販売してもらえる交渉も成立。販路だけは広がっていました。

運よく郡山の駅近くにお店を開業!

そんな時、ひょんなことから店を持つきっかけに出合います。郡山の駅近くに可愛いお店があり、そこに立ち寄って、店の女性オーナーに「仕事場兼販売できるような小さなスペースが欲しいんです」と話をしました。すると「うちの2階、屋根裏部屋だけど使ったら……」と、飛び上がりたいほどうれしい言葉が返ってきました。

忘れもしません。25歳の11月7日、2階フロアを整えて開業届を出しました。その半年後、1階のオーナーが出産することになり、1階、2階を全部引き継ぐことになります。店の経営を何も知らずに店を持ってしまったのです。自分の作品だけではスペースが埋まらないので、他の作家さんの作品も置くようにしました。帽子と雑貨の店です。郡山では、そういうテイストの店がなかったので珍しかったと思います。

開業3年目で閉店。出張販売をスタート

店を持って1、2年経った頃、自分の中に「ちょっと違うな」と思うことが多くなってきました。それはいつの間にか、自分が「店を守る」側になってきたからです。今まで委託販売で郡山近辺のカフェやブティックなどに置いていた時期は、商品が売れると私もそのお店もwin―win。でも、私が店主になってしまうと周りを気遣う余裕はなくなりました。

デパートでのポップアップストア

結局、開業して3年目、28歳で店を閉めました。

店を閉めたことで、時間がとれるようになり、出張販売をスタート。地元と東京と仙台を拠点に、

洋服店、雑貨店、卸売店《おろしうり》、帽子店などに期間限定で置かせてもらい、売れたら手数料を引いて残金を振り込んでもらいます。オーダーや雑誌掲載キャラクター製作の依頼も受けていました。売り上げは減りましたが、固定費はかからないので気楽。アルバイトもやっていました。

生活のため就職。ニット帽はいったん休止

29歳、生涯年収をシミュレーションすると、結婚せずに一人で暮らすのには資金不足という結果になりました。そこで就職して営業力の底上げをしようと決断。ブライダル関係の会社に就職しました。この時は、ニット帽は開店休業状態でしたが、「帽子」がドレスコードのパーティーを年に1回開いていました。

ニット帽は相変わらず、注文が入った時だけつくっていたのですが、営業の仕事で目標を達成したら、もう一度帽子の仕事をやりたいと思っていました。屋号を「キッチュナ」と名付けたのもこの頃。とはいえ、帽子だけでは稼げないので、ブライダル営業をやめるつもりはありません。そこで正社員より時間的に自由になる業務委託に変えてもらいました。

突然ですが、札幌に移住。デパートに進出……

正社員から数えて丸3年勤務し、貯金もたまり、会社での目標も達成したところでブライダルの仕事をやめたのですが、それと同じ頃、友人が被災地の自主避難制度を使って札幌に移住。移住先から「ウチのマンション、まだ空きがあるよ」と連絡がきました。34歳の時です。

自主避難制度を利用すると避難先の家賃がかかりません。その家賃分を郡山や東京への交通費に当て、帽子の販路を拡大しました。

福島県郡山市でプロデュースしているクリエイター企画のポスター。クラウドファンディングでもチャレンジ

東京では企画会社を通じて、デパートの売り場に入りこういう価格帯のもの、こういうデザインのものが売れるんだ、ということを現場で学びました。北海道のとあるデパートで友人が働いていましたので、催事担当を紹介してもらって営業に行き、1週間展示販売できるようになりました。初回は好調の内に終了し、次の催事にも声をかけてもらえました。

ところが2回目の催事でアクシデントが勃発。私が体調不良で倒れ、救急車で運ばれる事態になったのです。

原因は卵巣膿腫という婦人科の病気でした。病院から戻ったものの、体調がこの先どうなるかわからず不安で仕方ありません。心が弱くなり、知らない土地で一人で生きるのは大変であることを実感し、ふたたび郡山に帰ることにしたのです。

地元に戻り、出張販売を継続

36歳の時です。今回は地元に戻りましたが、東京にも家を借り、出張販売に専念。デパートでの出張販売の実績を積んだことで、企画会社を通すのではなく、キッチュナとして自ら企画を出していけるようになりました。

そこで他のアーティストとのコラボを新たに提案。帽子にリンクするチョークアートやブローチなどの作品も加えたセレクトショップを期間限定で開催するようにしたのです。ですが、個性の強い作家さんとの企画展は、思った以上に足並みが揃わずトラブル続出。若い頃から企画力、実行力には自信があったのですが、これ以上ビジネスの方向性が違う人との企画は続けられないと決断しました。

「もう少し、趣味ではなく、ビジネスをビジネスと考えている人とおつきあいをしよう！」。

一連の企画から導き出した私なりの結論です。吹っ切ったことで、新たな出会いが生まれてきました。とある展示会で、小さい起業家が集まったエリアがあり、そこに出店しました。そこで知り合った人たちは、考え方もポジティブで自ら提案してくれることも多く、今までにない新しい友人になりました。

出展ブースにて

またコーディネーターさんと知り合いになったのもラッキーでした。今までは地元の内職さんに帽子のパーツの生産を手伝ってもらっていましたが、彼を通じてネパールの職人さんに出会い、ニット帽の量産にも対応できることがわかりました。これならつくってくれる人にも私にもお金がまわりそうです。

これからの販路として考えているのが海外進出です。私の好きな格言に、「世の中の流れと逆のことをしなさい」という言葉があります。最近のアンケートで、「中小企業の55％が輸出をする気がない」という結果があると聞きました。半数以上が輸出しないというなら、逆の流れで、今が輸出する時では。メイドインジャパンを好む常連客がついている国で売れるということは、それなりに根拠があるのでは、と思われます。日本でダメなら海外がある。英語のレッスンも始めて、商談できる体制を準備中です。

これから起業を考えている人に向けて

お金はどんなに準備していても、すぐになくなります。働きながら、稼ぎながら、悩みながらやってきました。目標を見失わなければ、どうにかなります。やり抜く覚悟を持って、挑戦してください。

アンナアドバイザーズ株式会社　代表取締役　宅地建物取引士　**荒木杏奈**

自ら築いた実績で、魅力あるカンボジアの不動産を紹介

profile

1984年生まれ、東京都出身。大手広告代理店セプテーニ入社。その後、SBIグループを経て、2012年よりカンボジアに移住。首都プノンペンの金融機関に勤務。2013年に独立起業。不動産会社を立ち上げ、日本人向け投資物件の売買仲介、賃貸物件の管理などを手がける。2015年、日本とカンボジアに拠点を持ち、投資家の資産形成を目的とした国内、国外の国際不動産サービスを展開している。宅地建物取引士。一般社団法人RE AGENT(不動産団体)理事。著書に幻冬舎『東南アジア投資のラストリゾート カンボジア」(黄金律新書)がある。

会社概要

社　　名● アンナアドバイザーズ株式会社
所 在 地● 東京都中央区京橋1丁目11-8
U　R　L● https://www.anna-advisors.com/
代表取締役● 荒木杏奈(あらき あんな)
事業内容● 国内、海外(米国・カンボジア・フィリピン)の不動産売買の仲介、賃貸仲介、物件管理、不動産投資、資産運用コンサルティングなど

私がカンボジアに移住したのは20代後半でした。なぜカンボジアだったのか、そこで何をしたかったのか、それは私が社会人になり、最初についた仕事から、深くつながっているように思います。

広告代理店で不動産業界の知識を学ぶ

最初の就職先は大手広告代理店でした。クライアントは金融機関や不動産会社が多く、提案をするためには案件の背景や法律を把握する必要があります。そのためには不動産市況、金融情勢、経済情勢などの専門的な知識を持っておかなければいけませんので、リアルタイムで勉強しました。

また両親が住宅会社勤務ですので、建築や住宅、不動産投資の話題は常に身近にある環境で育ちました。そういう意味でも、不動産に関係する仕事は、自分にとって縁がある領域だったといえます。

投資環境の調査のためにカンボジアへ

広告代理店で働いた後、ヘッドハンティングされＳＢＩグループに転職しました。そんな時、日本企業が投資する環境を調査する仕事を兼務することになります。タイ、ベトナム、マレーシア、シンガポールなどの東南アジアの国々が担当です。いろいろ自分で調べるうちに、行ったことのない場所に行ってみたくなり、情報のほとんどないカンボジアを中心に、各国へ有給をとって行ってみたのです。カンボジアは国民の平均年齢が23歳と若者が非常に多く、みんながんばってお金を稼ごうと一生懸命働いています。仕事をかけ持ちしていることも多く、女性も働いています。どちらかというと女性の方がよく働いているかもしれません。今日を生きる強烈なエネルギーが、その場にいるだけでガンガン伝わってきました。この国のパワーはすごい。物価は日本の10分の1程度で格差はありますが、カンボジアは絶対伸びるマーケットであり、将来を見据えた投資環境はとても魅力的であると確信しました。

魅力を感じたカンボジアへの移住を決断

カンボジアは、東南アジアのなかでも後進国で、衛生面でもよくないイメージを抱いていたのですが、現地は全然違いました。元フランス領ということもあり、首都プノンペンの建物や街並みは思った以上にきれい。マイナスイメージとのギャップも魅力的に思えました。私はこの時、カンボジアへの移住を決断。いったん帰国し、SBIグループに辞表を出して、カンボジアに舞い戻りました。

プノンペンに移住し、現地の金融・不動産会社に就職。その会社は日本とカンボジアの合弁会社で、カンボジアに進出している日本企業の支援を主に請け負っていました。私の仕事は、日本人の口座開設のサポート、進出支援などをお手伝いするジャパンデスクです。

しかし、就職して1年も経たない、カンボジアの生活に慣れ始めてきた頃、日本側の投資会社が撤退することになりました。この時、私は、ここで辞めてしまうのはもったいないと思ったのです。

プノンペンに不動産会社を設立

2013年、28歳の時、不動産会社をつくり独立しました。外資100%ですが、プノンペンで外国人が会社を設立するのは複雑ではありませんでした。なぜ不動産会社だったか？　それはカンボジアの将来性に期待したからです。カンボジア国民の平均年齢は23歳。これには1975年にカンボジアの政権を握った政治家ポル・ポトの大量虐殺が関係しています。たった4年間で総人口約800万人のうち200万人から300万人のカンボジア人が虐殺された歴史的背景があります。まったく罪のない医者、教師、技術者、学生など誰もかれもが虐殺されたことで、一時プノン

プノンペンの事務所にて商談中

ペンはゴーストタウンと化したと言われていますが、その後の活性化は目覚ましいものがあります。女性一人当たりの出生率が2012年時点で2・89と高水準で、カンボジアの総人口は2030年に1900万人を突破し、2050年には2200万人に達する見通しとなっています。国連によると高齢層よりも若年層の方が圧倒的に多いカンボジアでは、高度経済成長が継続しやすい環境とされる「人口ボーナス期」が2045年頃まで継続すると予測されています。豊かな若い労働力が経済を活性化させ、高度経済成長期へと向かおうとしているなか、人口増加や所得の向上が新たな需要を生み出す可能性を高く評価されたからです。

購入したコンドミニアムが半年で1・5倍に

一方で私は合弁会社を辞職する前に、OL時代に貯めたお金でプノンペンの投資物件を購入していました。ここで少しカンボジアの不動産事情について説明します。カンボジアでは、2011年から外国人の不動産購入が可能になりました。しかし、外国人が買えるのは2階以上の住戸に限られるので、基本的にマンションの2階以上となります。私は外国人の購入解禁が決まって、すぐに建設中の高級コンドミニアムを購入しました。投資用の物件で、70㎡が1300万円でした。

カンボジアの場合、支払い方法が日本と異なり、施工の状況に合わせて、段階的にお金を支払いま

カンボジアの投資用高級コンドミニアム

す。このコンドミニアムは80％くらい完成している時点で購入したので、当時は1000万円弱で購入しました。完成すると残金の数百万円を納めて、当初の価格1300万円になります。それが半年で2000万円近くまで値上がりしたのです。買った時は物件が完成していませんが、カンボジアでは完成するまでに転売できるのも特徴です。外国人は融資が組めないので、キャッシュで購入して、完成前に売却してキャッシュを得ることもできるわけです。この経験をいろいろな人に話をしていたら、「買いたい」という日本人が何人もいました。そこで迷うことなく、投資用物件の仲介をすることにしました。

当時はカンボジアで投資用の売買をする会社は少なく、まだ外国人が参入していないマーケットでしたが、法律ができたことで急激に動き始めました。

カンボジア人のスタッフ募集ではひと苦労

初めは私ひとりでスタートしましたが、お客様が増え始め、賃貸部門でスタッフの募集をかけました。実は、この人材の採用でかなり苦労しました。というのは若い人が多い国なので、ビジネスに対しての一般常識を知らない人が多いのです。たとえば面接に彼氏を連れてくるとか、面接をドタキャンするとか、そもそも来ないとか。給料が1円でも高いと、すぐ転職するというのもめずらしくありません。物件を内見の際にはお客様と同行しますが、エレベーターのドアが開けば、降りる人が先に降りるのではなく、乗る人が先に乗ってしまう国です。このような状況のなか、選びに選んで採用し、教育するわけです。

海外の投資物件の魅力は何？

カンボジアの不動産は米ドルで取引されるので、為替に左右されます。私が投資用コンドミニアムを購入した時は1ドル80円の円高で安く買えましたが1ドル120円になる時もあります。為替の変動はさまざまな条件が絡み合うので、将来的な円高・円安を予想することは非常に困難です。それでなぜ海外不動産投資かというと、投資には資産運用のリスクを軽減させるための「分散投資」という手法があるからです。1つに集中して投資をし、うまくいかなかった場合すべてを失うので、いくつかに分散させる、という手法です。その場合の合理的な選択として、円と外貨を半分ずつ持つことがあげられます。しかし日本人は外貨を持つことに消極的で、個人金融資産の10％内外しか外貨は占めていません。私は、円資産にこだわらずに外貨建て資産の割合をもっと増やすことが、今後のポイントと考えています。

そして成長性の高いエリアならば、高収益があげられる海外の不動産投資があります。投資にはリスクとリターンがつきものですが、投資による大きなリターンは一種の先行者利益であるといえます。現代は投資関連を含んださまざまな情報が流通している情報化社会です。そこで成長のスタートについたばかりの投資対象を発見した際には、タイミングを逃さず実際の投資につなげる決断力があってこそ、初めて先行者利益を自らのものとできるのではないでしょうか。

将来性の発展が期待されるカンボジア

ポル・ポト政権時代（１９７５年～１９７９年）の極左政策のもとで、都市部の住民が農村部へ強制移住させられた影響から、かつてはＧＤＰの５割超を農業が占め、それが低所得の要因となっていたカンボジア経済ですが、政府が積極的な外貨誘致に動き出し、より高付加価値な産業への構造転換が進められるなか、内戦が終結した１９９１年以降、年平均７％台の高成長を続けています。

カンボジアは人口約１５００万人、ひとり当たりの名目ＧＤＰも９５０ドル（約10万９２５０円）程度と、経済規模の面ではアジアのなかでもまだまだ小国ですが、30歳以下の国民が全体の約４割を占めており、これからのカンボジア経済を担う若年人口が豊富にいることが高い成長期待につながっています。ちなみにカンボジアの衣類は日本にも多く輸出されています。たとえばユニクロの子会社であるジーユーが販売している低価格なジーンズはカンボジア製です。プノンペンには日本の有名商社、メガバンクはすでに揃っていますし、牛角、イオンモールなどの施設も進出、日本人の数も確実に増えています。

プノンペン・東京の2拠点でビジネス展開

カンボジアで起業して3年。日本のお客様が増えてきたこともあり、日本で対応できる拠点の必要性を感じ、2015年に東京に本社を設立しました。これにより日本で商談し、購入希望者は現地スタッフが案内をする2拠点体制になり、今は出張ベースで月に1回から2回、カンボジアには月の3分の1ほど滞在して、行ったり来たりしています。特にこの3年の間に、現地では信用できる投資用物件の建設会社とつながりを持てるようになりました。香港人やドイツ人、カンボジア人などの事業パートナー達とともに動いています。彼らは紳士的で仕事はスピーディー、かつ合理的な考えを持っているので、いいおつきあいができています。

海外に移住して、そこで信頼のできる人たちと巡り合えたのは、私にとって大きな宝です。会社を立ちあげようと決めた時は、初めてのことだらけ。でもゼロからスタートすることが逆に面白いと感じられたのです。大手企業では最適なものを提案しても、稟議に時間がかかってしまうけれど、小さくても自分の会社ですから、自分で決められるのはいいですね。

プライベートでは２０１７年に入籍し、２０１８年に出産予定です。出産から数カ月は現地に行けなくなるので、今は私の代わりになる人材を育てているところです。子どもが生まれても、なるべく休みを取らずに、仕事を続けたいと思っています。

これから起業をめざすあなたへ

今は女性が自立すべき時代だと思います。家庭に入ることもあるでしょうが、夫やパートナーに頼らないという意味で起業は賛成です。しかし起業はそんなに甘くありません。特に女性の起業家は輝いているように見えるようですが、本当に成功しているといえる人は一握りだと思います。目の前のことをひとつひとつこなしてきたから、成功があるのです。弱音を吐かず、長期の視点を持つことができ、しっかり地に足をつけてコツコツと仕事をすることができる人が向いていると思います。私自身もまだ勉強中の身ですが、多くの先輩起業家の経験を参考に、自分のスタイルで起業することがポイントです。

1粒でも小さくても輝きを放つダイヤのように自分にとって揺るがない「本物」探しを楽しむ

クリアノワール株式会社
代表取締役
兼本のり子

profile

沖縄県出身。19歳の時、沖縄「てもみん」の受付としてアルバイトで採用。2カ月後、すれ違った男性との出会いと一言の会話から美容業界へ。21歳で退職。その後原因不明の肌トラブルが4年ほど続き、独学で皮膚の再生や化粧品について学んでいた頃、琉球粘土と出合う。25歳出張エステで起業。その後マンションエステを経て起業から2年半を迎えた時、地元誌の取材を受けたことをきっかけに肌に悩む女性が多く通う4カ月先まで予約の取れないエステサロンになる。取材から5カ月後、路面店に営業形態を変え翌年自社製品「ダイヤモンドスキンジェルパック」の発売が決まり独自のスキンケアメソッドとで運営を行う。2013年大阪、2014年東京でのビューティーワールドJAPANへの出展を機に路面店クローズを決め、2015年に仕事の拠点を東京にも設け行き来するなか、これからの働き方について考えた結果、モアではなくコアに仕事をすることで専門分野を生かせるのではないかと思い独自のスキンケアメソッド（考え方・施術・商品）を軸にエステティシャンを対象としたスキンケア研修、化粧品の卸、販売、サロン運営を行う。自社サロンは沖縄那覇空港から車で5分の場所にある。

会社概要

社　　名● クリアノワール株式会社
所 在 地● 沖縄県那覇市田原 1-5-1
U R L● http://www.clear-noir.com/
代表取締役● 兼本のり子（かねもと のりこ）
事業内容● エステサロンの運営・化粧品の卸と販売・講師業

私は琉球粘土と炭酸ガスを融合したオリジナル化粧品を考案し、発売からお陰様で今年8年目を迎えます。クリアノワール独自のメソッド（スキンケアの考え方・施術・商品）を軸に沖縄県那覇市でスキンケア専門のエステサロンを営んでいます。

なぜオリジナル化粧品を考案、商品化しようと思ったのか？　それは自分自身が肌トラブルで長い間悩んだ経験と荒れた肌へ日焼け止めを塗ることでの肌ストレス、塗らなければ紫外線による日焼けが気になるという不安を解消したいという強い思いがありました。

自分にあった職業は「エステティシャン」しかない

高校を卒業し、すぐに就職したものの30代40代になった自分がその仕事を続けているイメージが湧かず10カ月で退職を決め、次の仕事探し。興味を持った仕事はアルバイトを通じて一通り経験しました。この経験を生かし「自分に向いている」仕事を探すべきだと考え、「私にはどんな仕事が向いているのか？」と自問。するとある日の出来事を思い出し、キレイな大人になりたい！　という言葉が頭をよぎり「キレイになれる仕事って何？」と考えた時、「エステティシャン」という職業が浮かび、早速職探しを開始。母のアドバイスがきっかけで「てもみん」の受付の面接を受け、その場で採用が決まり、翌日から出勤が決まりました。分厚いマニュアルを隅から隅まで見ていると、全国にマッサージ店展開

1粒でも小さくても輝きを放つダイヤのように
自分にとって揺るがない「本物」探しを楽しむ

クリアノワール株式会社　代表取締役　兼本のり子

する他にも事業をしている本土企業であり、東京では「エステサロン」の運営もしていることを知り、母のアドバイスが的中し思わずスゴイ！　という思いとうれしさで、受付の仕事を覚えたらエステティシャンになるべくエステサロンへの異動願いを出そう！　とこの時点で決めていました。仕事を始めて1カ月を過ぎた頃、社内ですれ違った男性との出会いと一言の会話の流れから、入社2カ月後には念願でもあった東京のエステサロンへ異動のため上京が決まりました。社内ですれ違った男性というのがたまたま沖縄を訪れていた本社社長（当時）の原田代表でした。これという取り柄のない19歳の私に多大なチャンスを与え、クレーン車のように次元上昇のきっかけをくださった方との出会いがありました。

何の知識も経験も技術もないまま東京のサロンへ

念願叶い「エステ」見習い研修9カ月間という約束で上京。ワクワクの感情で出社するも想定外の現場の空気に正直、困惑しました。手取り足取り教えてもらえると思っていた私の勘違いに初日、気づきました。何もできない無力さに情けなくなりました。東京の人は冷たい、何も教えてくれない、と早くも1週間後、母に愚痴の電話をしていました。母は凹んでいる私を慰めるどころか「東京で働いているスタッフはみんな、高い授業料を払って学校で学び就職している、ご縁をもらい上京して手取り足取り教える⁉　それ、甘えすぎ。本当にエステの仕事がしたいなら先輩たちの仕事を見て覚えて、自分で考えて動きなさい！」と言われました。

その言葉のお陰で目が覚め、負けず嫌いな性格にスイッチが入り、翌日出勤早々「私にも仕事くださ い！」と声を発し、先輩たちを見ながら仕事を一から覚えるという意識を集中させました。猛練習のお陰で上京から1カ月半、技術チェックを終えフェイシャルデビュー、3カ月で全メニューをマスターしお客様への施術にも入ることができ、実践を通して学ぶというステップへ進むことができました。

見習い研修9カ月を終え20歳になった私は、親との約束もあり沖縄へ帰ることを原田代表に伝えました。すると原田代表から「沖縄でエステやってみるか？」という提案にとても驚きながらも「いいのですか⁉　やります‼」とあの時同様即答している私がいました。次なるチャンスをいただきました。東京のエステメンバーにもアドバイスや協力をもらい2000年4月、東京同様のエステメニューを受けることができる沖縄支店オープンにゼロから携わる、という貴重な経験をさせていただき、沖縄担当のエステティシャンとして2年間働かせてもらいました。

原因不明の肌トラブルで顔じゅうニキビだらけに

会社を辞めて1週間後、顔中におできのようなニキビがボコボコと出てきました。あまりの皮膚変化に自分でも驚き、皮膚科を訪ねるも原因不明で、まったく症状が改善しません。紹介された美容クリニックへ半年余り通いましたが、施術者に皮膚の知識がないのか質問するたびに「確認してきます」と言われる始末。ある日の施術中、左右の頬で痛みの差が怖くなり尋ねた時も「確認してきます」と言われ唖然としました。肌を治したい思いで毎月通っているのに、皮膚知識のない人に肌を触ってもらいたくないと強く思い通院を辞めました。

その後、エステや高額な化粧品・美容器具などを試すも人間不信になるだけで、肌への効果を実感することはありませんでした。

ついに、琉球粘土に巡りあう

これだけいろいろやって1年が過ぎていましたが、結果は変わらず。もう誰にも頼れない。自分で治すしか方法はないと腹を決めました。皮膚について再度知識を得るため分野を絞り「皮膚の構造と再生の仕組み・化粧品と肌との関係性」について独学。皮膚科医の書籍を数冊読んでいると肌への考え方や治療方法が医師により異なることに気づき「自分の肌にあういいもの」とは一体何を示すのか？という壁にぶつかりました。そんな時、沖縄では「クチャ」がコスメの分野で賞を受賞する等、一時期ブームになっており私も試しましたが、残念ながら私の肌では良さを実感できずにいました。その後同様の「琉球粘土」という土に出合い、たった一度試した瞬間に私のなかの購入ボタンが即押されファンになりました。クチャと琉球粘土、似ているにも関わらず使用後のこの「差」はなんだろうと疑問に思い調べ始めました。調べていくうちにこれまで疑問に思っていた事柄がひとつずつ解決し始め、荒れた肌に日焼け止めを塗るという肌ストレスを解消するため、自ら考案したスキンケアを続けることで、日焼けしにくい肌が作れるのではないかと確信し、日焼け止めを塗るということをやめ現在に至ります。

「ここで働きたい‼」と思えるサロンに出合えず起業を決意

ようやく肌が改善し、再就職先を探すため県内のエステサロンへ実際に予約を入れ自ら施術を受け「ここで働きたい！」と思える職場を探していましたが、当時出合えませんでした。そこで、過去の経験を過信した私は「自分の給料くらい自分で稼ごう！」という安易な発想から起業を決意。自家用車にエステで使用する備品一式を載せ、初期費用のかからない出張スタイルで起業を始めました。集客のためにチラシのポスティングやオフィス街のある交差点で早朝のチラシ配り、新聞に小さな広告を出してみたり、ブログも始めましたが仕事はないに等しく、出張エステを利用してくれた数少ないお客様の声をもとに、出張改

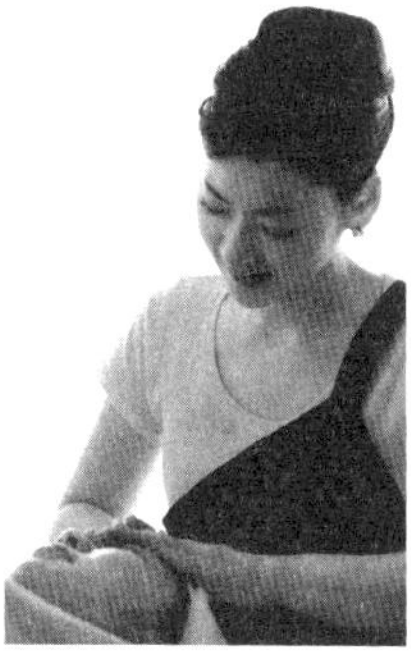
お客様にスキンケアを施術

め空港近くにマンションを借りプライベートサロンとして2年目を再スタートさせました。起業から2年を過ぎてもOL時代の給料に届かない売り上げでしたが、なぜか「辞めて再就職する」という選択肢が私のなかにはありませんでした。

ある日を境に、予約の取れないエステサロンへ

起業から2年半を過ぎたある日、地元新聞社から電話があり夏に向けてスキンケアをテーマに取材依頼が入りました。なぜ私に依頼がきたのか、不思議に思い聞いてみると「実は以前から兼本さんの名前は聞いていましたが、ご年齢が若いということもあり紙面への掲載に当たり、信用という部分で活動の様子を少し見させてもらっていました。その後も頑張っている20代の子がいるという声が新聞社に届き、今回取材依頼をさせていただきました」と言われ、「私で良ければお願いします」と取材を受けました。2009年6月4日、地元紙「彩職賢美」というコーナーで表紙含む2ページの取材記事掲載日を境に、私の生活は一変しました。掲載日当日は朝7時前から携帯が鳴り始め夜の23時頃まで、施術予約の電話対応にひとり追われていました。翌日から施術の予約を開始、4カ月先まで予約が全て埋まり、偶然のタイミングがいくつも重なり、5カ月目にはプライベートサロンから徒歩2分程の場所に路面店をオープンする運びとなりました。

自社ブランド「ダイヤモンドスキンジェルパック」誕生

　琉球粘土と炭酸ガスパックを別々に愛用していた時から「琉球粘土×炭酸ガスを融合させたパック剤」の商品があれば、私が一生の顧客になるのになぁと考えていました。ですが数年たっても商品化されておらず、ならば私が自分自身の素肌美維持のためと、日差しの強い沖縄女性の肌に必要なスキンケア化粧品だと確信したので、沖縄からスキンケアブランドを誕生させようと情熱が日に日に増していきました。とはいうもののブランドというものを手がけた経験はもちろんありません。「ブランド」とは何かを知るべく思いついたのがココ・シャネルという映画でした。その後神戸元町にあるシャネルブティックでのスタッフさんの神対応に感動し、シャネル本を10冊以上購入し無我夢中で読み自分自身に置き替え考え、スキンケアとの関連性を考え受けたインスピレーションから「クリアノワール」というブランド名、そして「ダイヤモンドスキンジェルパック」という商品名を名づけました。

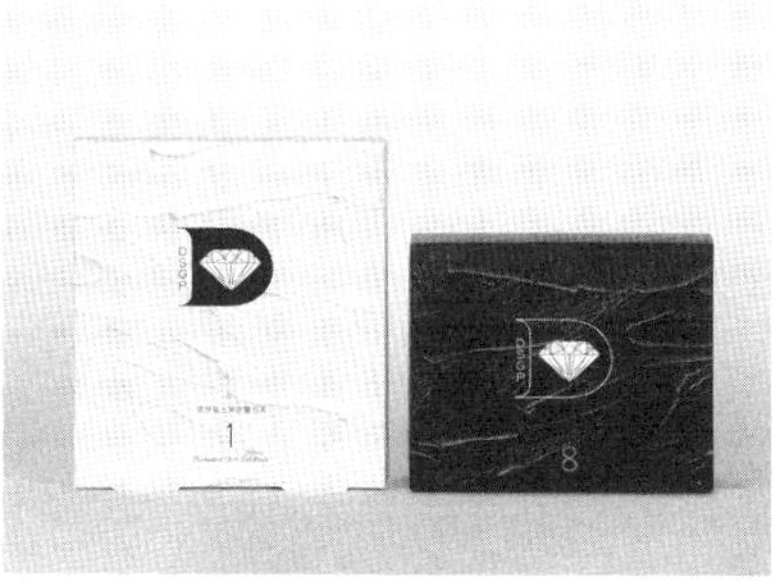

ダイヤモンドスキンジェルパック

　商品実現化までいくつもの壁がありました。紆余曲折を経て２０１０年９月にダイヤモンドスキンジェルパックが、無事沖縄という地から発売をスタートすることができましたが当時、広告費を捻出できず考えた末に商品開発秘話や想いを綴ったラブレター４枚と発売イベントのお知らせを載せたダイレクトメールを１３００名ほどのお客様へ郵送しました。驚くことにダイレクトメールを見たお客様とそのご紹介者、そしてサロンの行列効果により多い月には３００名を超えるお客様がダイヤモンドスキンジェルパックを体験後購入してくださいました。気づけば発売から半年、ほとんど営業せずに取扱店様が40サロン近く増えておりダイヤモンドスキンジェルパックの認知度を高めるため、クリアノワールの新たな仕事として取材いただいた地元紙に1年間1面広告を掲載、その後も雑誌や交差点の看板、ＣＭ、ホテル会場での１００名規模のスキンケアイベントなど様々な媒体でのＰＲに挑戦しました。その後２０１３年大阪・２０１４年東京でのＢＷＪ出展を機に感覚的なものでしたがこの先何か違う流れが来るような気がして、サロンの上顧客の皆さんへこの想いを相談したところ全員が移転をＯＫしてくださり、そして自分の直感を信じ5年間営業をした路面店をクローズしました。

伊勢丹新宿店にて
スキンケア商品を出店

スキンケアコンシェルジュという働き方

現在沖縄では事務所兼サロン形態へ変え丸４年がたちました。沖縄と東京を行き来する生活を始め３年が過ぎた今だから言えることがあります。それが、路面店クローズの決断でした。世の中にモノがあふれ人々のニーズや働き方の多様化、早いスピードで変化していく世の中を感じ自分の性格や器を知ったうえで本当に手に入れたい自分の未来をイメージした時、私には専門性を生かし仕事を長く続けていくにはモアではなくコアな仕事が向いていると気づきました。私の最終的な夢はスキンケアのプロを育成するための学校を創ること。そのためにも今できることを一歩ずつ積み重ねその時が訪れる日まで自分を律し、磨き準備をしておきたいと思います。

これから起業をめざす人に向けて

世間知らずの25歳、学歴、人脈、お金、知識、経験、すべてゼロからスタートした私が、起業から今年12年を迎えます。ここまで続けられた大きな理由のひとつに「人とのご縁」があったからだと思っています。ピンチはチャンス!! まさにその通りで、自分を信じ諦めさえしなければ、いつかきっと目標や夢に近づく日が来ます。私は今もそう信じています。時間はみな平等に流れています。自分を知り、自身の心の声に素直に従い行動を起こす。最強のライバルは他人ではなく自分自身だということを起業して気づきました。

世界でたったひとり、あなたにしか座れない「成功指定席」があるそうです。

株式会社サムライウーマン　代表取締役社長
高原友美

女性に生まれて良かった！と思える社会を。「まちのてらこや保育園」で働くママの子育てをサポート！

profile

1984年、岡山県倉敷市に生まれる。幼い頃より世界の貧困地域で支援活動をしたいという夢を持ち上京、お茶の水女子大学へ進学。在学中にアフリカ諸国や東南アジアを多数訪れた結果、貧困地域に対する「援助」ではなく、産業自体を生み出す仕事がしたいと総合商社である三井物産株式会社への就職を決めた。2007年より7年間、三井物産に勤務。金属資源の輸出入、ブラジルでの金属資源開発案件などを担当する。2014年に退職。働く女性をサポートしたいという思いから、同年に株式会社サムライウーマンを設立。翌年には、働くママをサポートする工夫を凝らした「まちのてらこや保育園」を開園した。また32代中央区観光大使・ミス中央でもあり、日本橋や銀座、築地を有する東京都中央区の魅力を国内外に発信中。

会社概要

社名● 株式会社サムライウーマン
所在地● 東京都中央区日本橋富沢町 4-1
ミズホビル2階

URL● 株式会社サムライウーマン
http://www.samuraiwoman.co.jp/
まちのてらこや保育園
https://www.terako-ya.jp/
代表取締役社長● 高原友美（たかはら ともみ）
事業内容● 保育所の経営、保育所設立支援

子どもたちは木と畳の香りのする保育室でゆったり過ごします

商社ウーマンから社長、保育園の園長へ

現在、私は東京都中央区の日本橋で「まちのてらこや保育園」の園長を務めています。0歳児から2歳児まで約25名のかわいい子どもたちをお預かりしています。「まちのみんなが先生で、まち全体が保育園」をコンセプトに掲げ、地域全体が子育てに関わる仕組みを目指しています。また、〝手ぶら登園〟やスマートフォンの連絡帳など、働くお母さんの物理的・精神的なサポートになる保育サービスを充実させています。「まちのてらこや保育園」は開園からもうすぐ丸3年。お預かりしてきたお子さまは100名を超えました。そんな私ですが、保育の業界に飛びこんでまだ4年。それまでは三井物産という商社で鉱山開発の仕事をしていました。今回、なぜ私が大手企業を退職して保育園を立ちあげるに至ったのか、今後何を目指しているのかをお伝えしたいと思います。

「まちのてらこや保育園」で働くママの子育てをサポート！
女性に生まれて良かった！　と思える社会を。

株式会社サムライウーマン　代表取締役社長　高原友美

女性が夢を諦めなくてもいい社会にしたい

私の出身は、岡山県倉敷市。公務員の父と専業主婦の母を持ち、3姉妹の長女として育ちました。母は頭の回転の早い人でしたが、結婚を機に仕事を辞め家庭に入りました。母は私たち3姉妹にたっぷりと愛を注いでくれましたが、一方で自らの人生に対しては必ずしも満足していないようでした。女性が家庭に入るのが当たり前だった時代とはいえ、時に苦しそうな母の姿を見て私は「結婚や出産をしても仕事をしよう」「女性が夢を諦めなくてもいい社会にしたい」と強く思うようになりました。

世界中の女性たちが幸せに暮らせる世界に

そんな私は小学生の頃「お医者さんになりたい」という夢を持っていました。きっかけとなったのは、アフリカの貧困地域で医療活動をする医師のドキュメンタリー番組でした。そこでは、紛争や自然災害、貧困などで怪我や病気に苦しむ子どもたちを医師が懸命に救おうとする姿が紹介されていました。私とはまったく違う環境の子どもたちがこの世界にはたくさんいるという事実を知り、強い衝撃を受けました。そして、私もこの医師のような仕事をしたいと思うようになりました。目標が決まれば一直線！　日々の勉強はもちろん、図書館でまだ見ぬ海外の情報を収集し、少しでも夢に近づこうと鼻息荒く生きていました。

夢に向かって邁進していた時、当時国際連合難民高等弁務官だった緒方貞子さんの存在を知りました。中学生だった私は、彼女の著作や新聞記事を読み漁りました。医師を目指していましたが、紛争や貧困自体をなくさない限り苦しむ人は減りません。私も国連で緒方さんのような仕事をしたいと思うようになりました。

また、世界の様々な状況を知るなかで特に女性が貧困や暴力・差別の対象になりやすいことを知りました。世界の女性問題についてもっと勉強をして、世界中の女性たちがいきいきと幸せに暮らせる社会をつくりたい。幼い頃から見ていた母への思いも重なり、日本で最もジェンダー学の研究が進んでいたお茶の水女子大学に進学しました。

援助ではなく、仕事をつくる

大学では、国内外の女性問題について現状や先進的な国の取り組みなどを勉強しました。なかでも、途上国の女性が貧困や暴力から抜け出すためにはどうしたらよいかを日々考えていました。

しかし、スーダンとケニアの国境沿いにある難民キャンプを訪れた際、「国連などによる外部からの援助は、貧困から脱出する上で本当に効果的なのだろうか」と疑問を持ちました。一方、外国企業が進出しているアフリカ諸国は急速に発展していました。そのギャップを見た時、外部から金銭的な援助を行うよりも、その国に産業をつくり出すことの方が人々の生活へのプラスのインパクトが大きいのではないかと考えるようになりました。

悩んだ末、国連への道ではなく多くの海外事業を展開している総合商社の三井物産を選択しました。そして、途上国で産業をつくることを目標に、金属資源本部で働き始めました。

しかし、すぐに大きな挫折を味わうことになりました。まわりの先輩たちが活躍するなか、新人だった私はうまく仕事を進めることができませんでした。商社の仕事はゼロからイチを生み出す仕事。学校のように決まった答えがあるわけではなく、自ら答えをつくっていかなくてはいけません。これまで大きな失敗をしたことがなかった私にとって、これが初めての挫折でした。どうしたらこのトンネルから抜け出せるのか、あの時はまったくわかりませんでした。

仕事を「自分ごと」にするための決断

もっと成長したいともがいていた入社4年目の時、ブラジルの大手鉄鉱石会社との交換留学として、3カ月間ブラジルに行くことになりました。この期間中、鉄鉱石会社がブラジル国内に保有している鉄鉱石、銅、アルミ、ニッケルなどたくさんの鉱山をまわりました。ブラジルの雄大な自然と、明るい気質に包まれたこの3カ月間は、自分のことをゆっくりと考える時間になりました。帰国後、異動でブラジルにあるアルミ工場の投資管理と、新規の鉱山開発の仕事に携わりました。鉱山開発は、まさに学生時代にイメージしていた仕事でした。貧困地域に工場が建ち、人が集まり街ができる。生活レベルや教育の質も劇的に向上していきます。この仕事で新しい機会をたくさん与えてもらい、少しずつ成功体験が増え、本来のチャレンジ精神が復活し、仕事が徐々に楽しくなりました。

ただ、心のどこかに仕事を「自分ごと」にできていないことにモヤモヤした感覚がありました。常に一歩引いて仕事をしている自分がいて、心の底からワクワクしている感覚を持つことができませんでした。そこで、30歳を目前にして三井物産を辞めることを決めました。一度しかない人生。ワクワクすることをたくさんしたもの勝ち！　そこに迷いはありませんでした。

29歳で「ミス中央区」になり、地域との関わりを持つ

退職の決意を胸に秘めて出勤していたある日、「ミス中央区募集」のポスターが目に留まりました。お客様に話せば面白い話のネタになりそう！　という軽い気持ちで応募したので、まさか三十路の私が選ばれるとは思っておらず、名前を呼ばれた際はとても驚きました。ミス中央区のお仕事は地域のイベントなどに参加して中央区をアピールすること。町の方々や町会のみなさん、日本橋界隈の老舗

の若旦那さんたちともお話をする機会をいただき、おつきあいの幅がぐんと広がりました。また、仕事や会食の場での自己紹介でも「ミス中央区」と言うと珍しがられ、すぐに顔も名前も覚えてもらえます。これは、独立には絶対追い風。このタイミングで会社を辞めるのは間違っていないと確信しました。

女性がいきいきと輝くための事業を

そして、2014年4月、7年間働いた三井物産を退職し、6月に株式会社サムライウーマンを立ちあげました。この会社で私は、女性がもっとイキイキと輝くための事業に取り組むことにしました。社会人経験を経て日本でも女性を取り巻く課題は大きいと実感したことがきっかけでした。

「女性の社会進出」や「仕事と育児の両立」という言葉の裏側で、多くの負担が女性たちの肩に乗っていて、苦しそうな同世代ワーキングウーマンがたくさんいます。仕事をすること、家族をつくり育てること。そのどちらも素晴らしいことで、人生を豊かにする前向きで楽しい時間であるべきなのに、その時間を楽しみ、自らが輝くことをあきらめてしまっている女性たちも少なくありません。

いわゆる「男性的な」価値観に縛られなくていい。いろんなことを同時並行で進められるマルチタスク能力が高いといわれている女性こそ、もっとヨクバリに生きてもいいのではないかと思ったんです。

働くお母さんをサポートする保育園を開園

そんな女性のヨクバリな生き方を支えるために、どんな社会の枠組みが必要か考えていき、「子育て事業」に辿りつきました。お母さん目線で、お母さんに寄り添うような保育園を作ろう！　そして、働きながら子育てする女性とその子どもたちを地域全体でサポートする枠組みをつくりたいと思うようになりました。

ミス中央区として活動するなかで、東京にも地域に根ざした町会などのコミュニティがしっかり残っていると気づきました。マンションなどに新しく引っ越してきた若い子育て世帯には、なかなかそのコミュニティにアクセスする機会がありません。保育園を起点に、地域コミュニティと子育て世帯をつなげば、保育園と家庭という小さい範囲で完結しがちな都会の子育てを変えられるのではないかと考えました。

開園に際して、最も難航したのは物件探し。細かい基準を満たす物件は少なく、ようやく見つけても他のテナントに迷惑がかかると断られることも多くありました。また、保育士不足が叫ばれる昨今、保育士さんの採用も苦労しました。

さまざまなハードルを乗り越え、２０１５年9月に「まちのてらこや保育園」が開園しました。

女性に生まれて良かった！　と思える社会を。
「まちのてらこや保育園」で働くママの子育てをサポート！

株式会社サムライウーマン　代表取締役社長　高原友美

働くお母さんファーストの利用しやすさを重視

「まちのてらこや保育園」では、働くお母さんをサポートするさまざまな工夫が施されています。衣服は園で洗濯するので、登園はお子さまだけお連れいただければ大丈夫！連絡帳もスマホアプリなので、仕事中でも保育の様子を写真つきで確認することができ、オムツやミルクなどのかさばる荷物は園に宅配便で直接送ることができます。

働くお母さんは、平日は朝と夜の少しの時間しかお子さんと一緒に過ごすことができません。その時間は保育園の準備に費やすのではなく、子どもと思い切り触れ合ってほしい。そんな思いで、職員たちと一緒にお母さんに寄り添う保育サービスをつくっています。

また、園では子どもたちがまちの人と顔見知りになることを目指しています。子どもたちやその保護者には地域のことを知ってもらい、もっと好きになってもらいたい。そし

園内にはたくさんの絵本が。子どもたちは絵本が大好きです

て、地域の方には自分たちが住んだり働いたりしているまちの大切な子どもなんだ、という気持ちを持ってもらいたいと思っています。当園では、子どもたちを連れて日本橋の江戸時代から続く老舗へ見学やお買い物に行ったり、逆に園に来て頂いて特別授業を開いたりしています。まずは、まち全体で子育てをする事例をつくっていき、今後それを多くの地域に広げ、日本社会の子育てのあり方を変えられたらと考えています。

大切なお子さまの命をお預かりする仕事。毎日全力投球！

「まちのてらこや保育園」は2018年9月で開園から丸3年になります。この3年間、毎日全力投球でした。大切なお子さまの命をお預かりする場所なので、常に大きなプレッシャーがあります。日々の仕事に慣れてはいけない。慣れは事故につながると、自分にも職員にも言い聞かせています。大変な仕事ですが、子どもたちの成長を見守ることができて大きなやりがいもあります。

「女性に生まれてよかった」と思える女性を増やすために、今後は子育て事業以外にも挑戦してみたいと考えています。まだまだ始まったばかりの戦《いくさ》ですが、私自身もサムライウーマンという会社も「ヨクバリ」に進んでいきたいと思っています！

温活百貨店　代表　**手島瑠美**

カラダとココロを温めると人生が変わる!

profile

2015年の秋、3人目の産後7カ月・32歳の頃、末期の子宮頸がん（4B期）が発覚。「1年生存率5%」と医師から宣告を受け、抗がん剤・放射線治療と並行してボディライトニングやホルミシスルームなどの民間療法にも助けられながら闘病生活を送る。

2016年3月、抗がん剤・放射線治療が終わった段階でがんは見当たらず、転移で折れていた座骨も順調に回復する奇跡の展開に、医者からも驚かれる。

再発防止にと購入した『黄土漢方蒸し』との出合いで、温活の大切さと恩恵に感動し、『カラダとココロを温めると人生が変わる!温活百貨店』を始動。
・Asuca黄土漢方蒸し代理店（黄土漢方蒸しアドバイザー）
・温布®販売店

会社概要

社　　名● 温活百貨店
所 在 地● 東京都台東区

ブ ロ グ● https://ameblo.jp/rumi2017/
代　　表● 手島瑠美（てじま るみ）
事業内容● Asuca黄土漢方蒸しセット販売・温布®販売・サロン運営

私の起業は、32歳で患った『子宮頸がん』がきっかけになりました。病院で診てもらった時には末期・4B期で、「1年生存率5％」とまで言われたのですが、奇跡的に現在はCT上でがん細胞は見当たらず、医師に宣告された1年を過ぎても元気に生きています。病後、再発防止のために試した『黄土漢方蒸し』。この温活療法のおかげで、今の私があるといっても過言ではありません。

3人目を出産後、座骨の痛みをきっかけにがんが見つかる

初めての妊娠で産休に入ったのが26歳の時です。それまでファッション系のマガジンとウェブサイトを発行する編集部で働いていました。仕事大好き、職場大好きだった私が復帰したのは、長男を出産して1年後です。しかし、自分で思っていた以上に産後の身体と心は大きく変化していました。せっかく仕事復帰したのに、保育園に入ったばかりの息子はよく熱を出し、私は欠勤と早退ばかり。「頑張らなくちゃ！　休んでいた遅れを取り戻さなくちゃ！」と思うほど焦ります。今思えば、もっとまわりに頼ってよかったと思います。でもそれができないほどに自分を追い込んでいた私は、ある時、手～腕がしびれるようになり、食欲も減退、訳もわからず涙が出てくるような状態になりました。いわゆる鬱病でした。症状は改善せず、結果的に退職し、それから、ひたすら引きこもっていました。しかし鬱々としていた気持ちが晴れ、エネルギーが戻ってくると、「ママである経験を生かせる仕事がした

い!」と考えるようになります。そこで民間資格のベビーマッサージ講師の勉強を始めました。28歳、ふたり目の妊娠中にベビーマッサージ講師の資格を取得。産後は、娘も同伴でベビーマッサージ教室を始めました。赤ちゃんやママと触れあえる仕事は、すごく楽しくて充実していましたが、そのうち娘も保育園に入り、ふたり分の保育料がかかるようになります。収入に比べて保育料のほうが高い月もあり、仕方なくパートもしましたが、それでも保育料はトントン。「私、何やっているんだろう……」と、落ち込むこともたびたびありました。

その2年後、30歳で3人目を出産。家に帰ると倒れそうになるほどぐったり疲れていても、夕飯づくり、家事、お風呂、夜中の授乳と休む暇はありません。だけど私は、本当に生真面目に〝いい母〟、〝いい妻〟であらねばと思い、苦手だった家事や料理もがんばっていました。

しかし、ある時から「何かをやる」ことへのあきらめの気持ちが出てきました。「しばらくは専業主婦に専念しよう」、そう決めた矢先に現れたのが座骨の痛みです。あまりの痛さに座ることすら苦痛でした。

32歳、3人目を産んで7カ月目のことです。整形外科の病院に行ってレントゲンを撮ると、座骨が折れていると言われ、産婦人科で診てもらうように言われました。そこでがんが発覚。がんの転移で座骨が折れたとのこと。子宮頸部は大きく腫れ、腫瘍は4㎝ほどになっていました。

子宮頸がんの末期・4B期だと言われたのです。一般的に子宮頸がんは10年くらいかけて大きくなるものなので早期発見できる病気といわれています。私の場合、3人も出産しているのに、そのたびに見過ごされていたのか、急に大きくなったのか。その経緯はわかりませんが、すでに末期でした。

すぐさま子宮全摘、抗がん剤投与と言われましたが、座骨以外の卵巣や他の臓器への転移はありません。健康な卵巣やリンパ節まで取ってしまうというのは納得できませんでした。他の医療機関を探し、免疫療法の病院を訪ねると、提携している婦人科で検査を受けるように言われます。婦人科で診てもらうと、「あなたは免疫療法なんてやっている場合じゃないですよ!」と言われ、さらに「1年生存率が5%です」と聞かされたのです。それはもうほぼ死ぬ、ということです。そうして強く思ったのは「私、まだ何もやっていない。ここで死ぬわけにはいかない」でした。今まで他人の評価ばかり気にして、本当に自分がやりたいことをやってこなかった、という後悔を抱いたのです。

がんが消えた! 奇跡の展開

免疫療法の先生から紹介された婦人科の医師には、すでに座骨に転移しているので子宮を全摘しても仕方ないと言われました。しかも不思議なことに転移は座骨のみだったことやまだ年齢が若いということで、根治を目指した治療がスタートしました。抗がん剤と放射線の併用治療です。1カ月半ほど入院するように言われました。でも私はそんなに長期間家族と離れて暮らすことは、逆に免疫が下が

3人の子どもたちと

ると思い、頻繁に外泊許可をもらい自宅に帰っていました。体力がなくなり、ふらふらしつつ帰るも、家族とたわいもない話をしたり子どもを抱っこしたりして、エネルギーをもらうことが私の生きる希望でした。

入退院を繰り返していたので、子どもたちは緊急保育であずかってもらい、夫と夫の両親が送り迎えをしてくれました。抗がん剤治療の副作用で、髪の毛がすべて抜け、気持ち悪さで食欲が落ち、痩せました。まわりの人に心配されるのがいやで、家族以外の人に会う気持ちにもなれません。でも家に帰れば、子どもたちは普通に接してくれるので、それだけで癒やされました。今思えば、「死ぬわけにはいかない」「生きなければ」と力を与えてくれたのは家族でした。つらい闘病生活をがんばり抜いて4カ月後の検査で奇跡が起こりました。なんとがんが消えていたのです。折れていた座骨も再生していました。理由はわからないけど、消えていることに医師が一番びっくり。「強運ですね！」と喜んでくれました。

民間療法のひとつ『黄土漢方蒸し』に出合う

抗がん剤、放射線治療を受けている頃から並行して、がんにいいといわれるあらゆることを試しました。ニンジンジュースを飲んだり、整体を受けたり。自己免疫力の活性化をうながすボディライトニングや、微量の放射線をラドン浴で浴びるホルミシスルームなどの民間療法も積極的に受けました。一般的にがんは治療が終わっても5年生存して一区切りといわれています。

がんは消えても、再発への不安はぬぐえず、その後も民間療法をいろいろ試しました。そんな時に出合ったのが『黄土漢方蒸し』です。もともと私は平熱が低めで35度台。低体温はがんになりやすいといわれています。そこで体温をあげるのに『黄土漢方蒸し』がぴったりでした。同時に汗をかいて、放射線や抗がん剤をデトックスしたいと思いました。

身体を温めることで冷えからくる不安を解消

『黄土漢方蒸し』とは、よもぎの他26種類の漢方薬草を黄土の壺で煮出し、黄土の椅子に座り、マントを被り、蒸気で蒸される温活療法です。黄土とは、粒子が細かくたくさんの酵素が含まれた、解毒作用・浄化作用・自然殺菌力に優れた土。黄土でつくった壺で漢方を煎じると、普通の壺よりも80倍の効果が期待できるといわれています。黄土から大量に放射される遠赤外線で、身体の芯から温めながら漢方薬草を吸収することで、血液循環がよくなり、冷えを改善・免疫力アップ・デトックス・腸が温まり便秘の改善・婦人科系疾患の予防・美肌効果など女性にとっていいことずくめの療法です。

温活百貨店　代表　手島瑠美

私はこの『黄土漢方蒸し』をサロンで体験しました。サウナのように熱すぎないのに、身体の芯からじわじわと温まり、流れるほどの汗をかきました。「これは絶対にいい！」と直感で自宅用のセットを購入。安い買い物ではありませんでしたが、治療後で体力がなかった私にとって、家でいつでも好きな時に蒸せるのは何よりありがたく、家族みんなで一生使えます。そう思うと、決して高くないと思いました。

がんで気づいた、自分のやりたいことをやる人生

この頃は3人の子どもの送迎以外は、家でゆっくり休んでいましたから、『黄土漢方蒸し』で毎日のように40分ほど身体を温めました。ここで使用した無農薬漢方薬草は、韓国の専属漢方医が日本人の体質にあうようにブレンドされています。

『黄土漢方蒸し』について、勉強してわかったことがあります。「不安は冷えることでつくられる」ということです。

毎日『黄土漢方蒸し』で温めて、考え方もポジティブになっていきました。「いつ死ぬかわからないなら、やりたいことをやろう。がんは急死する病ではない、考える猶予があるじゃないか」と思うようになりました。身体が温まりゆるむと不安が消え、すっきり軽くなっていくのを実感できました。

がんが消えたのは、もちろん西洋医学のおかげもあると思います。だけど、民間療法は私の免疫力を

あげてくれたと心から思っています。何よりの収穫は自分の考え方が180度変わったということです。

がんになって自分を見つめる時間が持てました。「これからは自分の身体の声をちゃんと聴いて、自分を大事にしよう。自分の本音を捉えて自分で叶えよう」と思いました。〝あそこのラーメンが食べたい〟〝今日はもう寝たい〟そんな小さな願いも無視しないで聴いてあげる、そんなふうにコツコツ自分と仲直りしている最中です。夫や子どものために、と思う前に、まず自分なんです。明日死んでもいいと思うくらい、悔いのない生き方をしようと思いました。

体温をあげることでがん予防の効果が期待できる『黄土漢方蒸し』のサロンを開く！

『黄土漢方蒸し』は自分のためにやっていましたが、当時通っていた整体サロンのレンタルスペースで、私がお客様を蒸すイベントを開催する、というご縁をいただきました。私自身、この温活療法が本当にいいと思っていたので、ひとりでも多くの人に知ってもらいたいという気持ちになっていました。また闘病中、同じようにがんと闘っている人のブログを読んでみると「永眠しました」という言葉で終わっているものも多かったのです。だからこそ、私のように末期がんでも生きている人がいることを同じ病気で苦しんでいる人に知らせてあげれば、励みになるのではと思いました。

ということで、そこのレンタルサロンを借りて『黄土漢方蒸し』を始めたのが2016年2月。1年ほど口コミとブログで集客し、２０１７年10月にAsuca 黄土漢方蒸しの代理店となり、ついに開業届を出しました。またアドバイザーの資格も取得しました。

1回40分ほどで大量に汗をかきます。大人になると汗をかくことが少なくなりがちですから、汗をかくことは大事。新陳代謝や血行がよくなります。代謝があがるので、お肌の調子もよくなります。また身体を温めるとがんの予防にもなります。サプリを飲んで身体に入れることはあっても、老廃物を出すことはあまりしないのではないでしょうか。化学物質や添加物を知らず知らずのうちに日々たくさん摂取している現代の私たちは身体に入れる前に、まず出すことが大切であると考えています。

サロンを開いたことで、お客様から効果を直接聞けるようになり、それもまたうれしいことでした。私と同じ子宮頸がんの方がわざわざ訪ねて来られて、「全部髪の毛が抜けたけれど、あなたのブログを読んで勇気をもらいました」と言ってくれました。また「肩こりや生理痛が楽になった」「リラックスできて気持ちよかった」「腰痛が改善した」などうれしい声が励みになります。

『黄土漢方蒸し』は温活&デトックスで身体のお掃除ができる優れモノ。身体と心のメンテナンスのために、一家に1台あってもいいのではと思っています。お風呂に入るのと同じ感覚で、自宅で蒸すのが当たり前の世のなかになって欲しいと願っています。

マントを被り蒸気で蒸される
Asuca黄土漢方蒸し

多彩な温活グッズ揃えたお店を準備中

今は温活百貨店の販売部門を準備中です。温活の最高峰が『黄土漢方蒸し』ですが、温活グッズは他にもいろいろあります。入浴剤や腹巻、レッグウォーマー、締め付けないパンツなどもそうです。今、私が力を入れているのが『温布《おんぷ》®』です。『温布®』は月経時に使用するだけではなく、下着に装着して使う日常使いのライナー。世界一ふわふわな今治タオルと世界遺産でもある富岡製糸場のシルクアミノ加工されたオーガニックコットン100％のライナーです。初めてつけた時、柔らかく包み込んでくれるような優しいつけ心地に感動して、今では毎日つけています。

多彩な温活グッズ

将来、『黄土漢方蒸し』のサロンだけでなく、温活に特化した商品を扱うお店にしたいと思います。「やりたいことをやろう！」で始めた温活百貨店。自分が好きで仕方ないことがあふれて、それを伝えたい気持ちでいっぱいです。

つい自分を後回しで我慢しやすい方、リラックスの仕方がわからない方、日々の生活で目まぐるしい方……、そんながんばり屋さんの方が少しでもほっとできて、自分の身体の声に耳を傾けて労う、温活百貨店はそんなきっかけづくりになれたら幸せです。

株式会社いずみ苑　代表取締役

泉　佳保子

築80年の古民家を
人と人の出会いの場として
未来につなぐ

profile

大阪府に生まれる。生まれてすぐ、父親の留学にともない米国クリーブランドに渡る。昭和42年に帰国。サンケイ新聞日曜版・子ども服モデルを務める。大学卒業後、海外在住中に『セントルイスJapanまつり』を主催。そこで、いかに自分が日本のことを知らないかを痛切に知る。帰国後、あらためて、月江寺にて茶道、華道、四天王寺にて和歌、俳句、吉兆の指導者である吉岡昭子先生に日本料理を学ぶ。20代で帰国後、フランス料理店を経営していた母ががんで他界。直後、母の両親である祖母、祖父の介護を経験。現在、残された泉家の遺構、大正時代に建てられた文化財的書院建築≪いずみ苑≫を守るために、平成20年株式会社いずみ苑を設立。いずみ苑を会場にコンサートやギャラリー、各種セミナー、講演会などを実施。人と人の出会いの場として活動中。

会社概要

社　　名● 株式会社いずみ苑

所 在 地● 大阪府八尾市刑部 1-1-1

U　R　L● http://www.izumi-shintaro.com/

代表取締役● 泉 佳保子（いずみ かほこ）

事業内容● イベント企画および運営

私は大阪府八尾市の近鉄高安駅前の、古民家「いずみ苑」を会場に、さまざまな会を開催しております。「何かしたい！」という方が自然に集まってきていろいろな会を催すのですが、皆さん一同に「いずみ苑に来ると居心地がいい」「気持ちがなごむ」とお褒めいただいております。

実はこの古民家は、私の曽祖父が大正時代に建てた別荘で、もう築80年になります。私もこの家を眺めて暮らした時期があります。思い出深い建物ですが、このように一般の方に使っていただくようになるまでには紆余曲折がありました。

今では見られない建築の粋を尽くした古民家

「いずみ苑」を建てた曽祖父・泉信太郎は、大正時代に水道管製造で財を成した一族の一人です。その財を持って、京都から宮大工を呼び、大正末から5年という長い歳月をかけ「いずみ苑」を建てました。

曽祖父は日本の伝統文化に深い造詣を持っており、いわゆる数寄者でした。庭に井戸を掘り、山紫水明を楽しみ、茶室をしつらえ、茶をこよなく愛していました。母屋は伝統的な商家の構えを残す「栂《とが》普請《ぶしん》」、「田造り」を採用しており、今では見られない貴重な文化財になっています。また母屋の広縁から茶室「浄泉庵」へ渡る廊下が続き、名月を映すつくばいや名木があり、なかなか風情のある景色を楽しめます。当時は別荘として使われていましたが、第2次世界大戦で都会の住まいが焼け、こちらに疎開。そのまま本宅として住み続けました。

私の祖母、きよは旧家のひとり娘で、昭和47年よりいずみ住宅株式会社を興し、不動産賃貸業の社長。入り婿の祖父・泉市郎は、近畿日本鉄道（近鉄）で働き、最終的に近鉄グループの常務取締役にまでなりました。

20代、30代は大家族の食事づくりと介護に追われる

このふたりの間に生まれたひとり娘が私の母・伊穂で、医者であった父と結婚し、入り婿となります。長々と家系図をお話ししましたが、泉家は私の代も含めて3代女系です。私がこの大きな古民家に関わるのは、20代、30代の頃からです。というのは、私の母は平成元年、52歳で他界しました。がんでした。その2カ月後に、ひとり娘が先に亡くなったことでがっくりきたのか、祖母が突然寝たきりになったのです。

祖父母は母屋に住んでおり、私の両親と私の家族は母屋から渡り廊下でつながる隣家に住んでいました。当時はまだ高齢者施設があまりない時代でした。幸運なことに父は医者で、私の夫も高齢医学を専門とする医者。まるで歩く病院がふたりいるようなものですから、自宅で介護しました。

その頃私は20代後半で、母屋に暮らす祖父母を含む7人分の食事をつくり、母屋まで毎回運んでい

ました。まさに大家族物語です。
祖父は近鉄のグループ会社である伊勢の志摩観光ホテルや都ホテル系列の社長も兼務していましたから、とってもグルメ。祖父母のために母は、母屋の隣にフレンチ・レストランを建てて経営していたほどです。祖父は家にいる時は、たいてい座敷に座ってスポーツ番組を観戦していました。近鉄の社長でしたから近鉄バファローズの試合は必ず観ます。私と祖父との唯一のコミュニケーションツールは野球や相撲だと気づき、祖父とは必ずスポーツの話をするようにしていました。ふたつの家の家事と介護をこなす日々がしばらく続いた後、祖母は84歳で他界、祖父は1997年、96歳で他界しました。

一時は、7人分の食事と介護で気が遠くなるような日々でした。この日々に得た教訓として、この世はつらいことも多いけれど、一度奈落まで落ちて上を向けば、一条の光が必ず見えるということを知ったのです。

「文化は戦争を止める」は、亡き母の言葉

住む人を失った大きな家は家具を処分、1年かけて修繕しました。阪神大震災で家の壁に亀裂が入ったのです。私が大学生時代に京都でシェアハウスしていたサラブレアー藤原夫妻は、ニューヨー

ク出身の現代アートの画家です。一方、藤原さんは古民家のリノベーションとプロデュースを手掛けていました。そこで、亡くなった母がよく言っていた「文化は戦争を止める」というコンセプトで、この家で何かを始めたい旨を伝え、プロデュースをお願いしました。

ここで母の言葉だった、「文化は戦争を止める」ことについてお話しさせてください。母は私が生まれてすぐ、父の留学に同行して米国オハイオ州のクリーブランドに5年間移住しました。その時のホストファミリーはウェイド・セジュヴィックさん。クリーブランド博物館に日本の美術品を数多く寄贈されている方で、ウェイド財団の当主でした。当時ディレクターをされていたのがラングドン・ウォーナー博士。この方は岡倉天心の弟子で日本美術の権威でした。第2次世界大戦の際、彼が「京都、奈良は日本の文化の宝庫だから爆撃しないように」と進言したと言い、その残すべき日本文化のリストもあったといいます。

その話を夫人から聞いた母は、「日本文化には爆撃を止める力がある」と知ったのです。戦後の日本では欧米が1番と言われていた時代でしたが、アメリカで逆に日本文化が1番であることを教えられて帰ってきたのです。日本人として生まれたことを誇るべきだ、日本にはいいものがある、ということを母は常々言っていました。生前、「この街には文化的な遺産が少ないから、この家をいろいろな人に見てもらえるようにしたら」とも。

日本文化を伝える場として「いずみ苑」をオープン

母の思いを、この家から発信できるよう、２００１年「いずみ苑」としてオープンしました。第１回目は、私が習っていた木像彫刻の師匠の展覧会、木工彫刻展覧会を開催。日本家屋に木の芳しい香りが漂いました。

しかしながらこの頃、親族間の争いが勃発。共有名義人から、この「いずみ苑」を売却したいという声が出たのです。この土地は４人の共有名義でした。そのうち3人が「駅に近いので高く売って４人で分けよう」と言うのです。このまま「いずみ苑」を維持して、活用し続けたいと思うのは私ひとりでした。妹たちは、売却することに未練はないと言います。私は何度も東京に出向き説得にあたりましたが、売却への考えは変わらずじまい。最終的に、私が3人の相続分を買い取る形で落ち着きました。

築80年、大正期に建てられた「いずみ苑」は数寄屋門と和風塀に囲まれた伝統的な建築物

２００８年、株式会社いずみ苑を設立。ようやく自分のやりたいことをやれる環境が整いました。どんなイベントをするかというとき、母の人脈のすごさに驚かされまし

書院のある「いずみ苑」奥座敷

た。

母の人脈を縦糸に、自分で歩いて出会った人を横糸に絡めて布が織りあがるように、次から次へと企画が生まれます。コンサートの演奏者、展覧会のアーティスト、研究会の講師など、母や祖母、そして私と、まだまだ未来はつながっていけそうです。

人が集まる場としてふさわしい「いずみ苑」

日本家屋で洋楽？　と思う方も多いでしょう。意外にも、チェロコンサートのような洋楽コンサートもこの古民家とあいます。秘密は屋久杉の天井です。音の響きがよく、ロシアのサンクトペテルブルク・オーケストラの第一バイオリン奏者から「大阪で開くならいずみ苑」というお墨つきをいただきました。

また、「いずみ苑」には浄泉庵と名づけた本格的な

華道展の会場として使われた「いずみ苑」

茶室があります。茶室だけでなく、数寄者の曽祖父が多くの茶道具を収集していましたから、これも「いずみ苑」ならではの特徴です。これを使わない手はありません。「次はこの茶碗で茶会をします。それにあわせて何か持ってきてください」とひと声かけるだけで、楽しい学びの場が成立します。

高安で高安能を。最初の1歩は「いずみ苑」から

2017年、人と人が絡みあうことで始まった印象的なイベントがあります。「復曲能」です。事の始まりは、私が訪ねた道明寺天満宮の宮司様との会話です。「どこから来たの?」と聞かれましたので、「八尾の高安から来ました」と答えますと「高安を題材にした能があるから、高安で高安を上演すれば面白いで

株式会社いずみ苑　代表取締役　泉 佳保子

すよ」とおっしゃるのです。その話を覚えていて、「いずみ苑」にたまたま来られたシテ方観世流のYさんに「高安流ってあるの？」と聞いたら、「あるある」とおっしゃる。その会話がきっかけで、「何かやりましょう」ということになり、高安の「いずみ苑」を舞台に、ゆかりの能を上演しました。この上演を期に、平成29年2月、「高安」が約３００年ぶりに復曲され、今は八尾市を挙げての大きなイベントになっています。

日本の家庭に伝わる知恵や技を伝えていきたい

私は最近、残念だと思っていることがあります。おばあちゃんやお母さんから次の世代へ伝えてきた、その家の味や暮らしの知恵を、今では積極的に伝えることがなくなっているように思うことです。どこの家庭にもある自慢の種を、親から子へ伝えていないのではないでしょうか。たとえばわが家の伝統の味、お祝い事の料理や保存食の作り方、梅干しの黒焼きとか、切り傷にはユキノシタを貼れば治るとかいうようなことは、昔は暮らしのなかで教えられていたのですが、今は伝えなくても、ネットで検索すればわかってしまいます。困らないかもしれないけれど、それは寂しくないですか？　顔と顔をあわせて、言葉と行動で伝えないなんてもったいない話です。ということで、「いずみ苑」の企画のひとつとして「雑草抜き隊」を結成。仲間を集めて、みんなで庭に生えているドクダミやヨモギを摘みます。ドクダミは解毒作用、ヨモギは抗菌作用がある万能の植物。摘んだものを集めて、技を持つ達人の指導のもとに、ドクダミエキスをつくったりヨモギオイルをつくったりします。もちろんでき上がったものを分けて持ち帰ります。こういったイベントの集客は、ネットやフェイスブック、ラインなどを使ってメンバー登録していただいた方にダイレクトメールを送るという宣伝方法をとっています。1カ月に2〜3回のペースで茶会や研究会などを開いていますが、ここ10年で約2000人が「いずみ苑」に来てくださいました。私ひとりではできないけれど、思いはつながると信じます。

ご縁をいただき、近鉄で特別車両を仕立て、伊勢・宇治山田駅までご案内させていただいたダライ・ラマ法王は「日本ほど祈りの場が多い先進国は他にない、21世紀における日本の役割は大きい」とおっしゃっています。「文化が戦争を止める」という母の言葉からスタートした「いずみ苑」では、このダライ・ラマ法王の言葉を深く心に受けとめて、笑いあり、楽しみあり、広く、若い方々とともに進んでいきたいと思います。

教える人、参加する人が知りあいになり、リンクしてどんどん輪が広がる。そこで新たな出来事が起こる。まるで化学反応のような期待感に、いつもワクワクしています。毎日の生活の中に幸せがあり、地に足がついた人は強い。しなやかに強く生きていける知恵や、地域の宝に気づく活動を、これからもこの「いずみ苑」を拠点に地道に広げてやってまいります。小さなひとりの思いが、やがては世界の平和へとつながっていくと、心から信じたいです。

株式会社コドエーヌ　代表取締役 宅地建物取引士
草薙尚子

離婚を期に起業！
今があるのは
人と人のつながりのおかげ

profile

東京生まれ。大学卒業と同時に結婚して専業主婦に。23歳で長女を出産。結婚生活2年目に性格の不一致で離婚する。25歳で不動産業に必要な宅地建物取引士の資格を取得。開業までの準備期間に不動産会社でアルバイトをする。2005年、父の休眠会社を再開して不動産業を白金に開業。紹介客の仲介を手がけるうち、安い土地の情報が入り、そこを購入して建売一戸建てを販売。初めての開発案件となる。白金から目黒駅前の白金台に事務所を移転。2011年、31歳で品川区に自宅と事務所を購入。2018年、高校留学する娘とともにエストニアに住み、2拠点で新たな事業展開も考えている。社団法人東京都宅地建物取引業協会会員。

会社概要

社　　名● 株式会社コドエーヌ
所 在 地● 東京都品川区西五反田5-4-6
セブンスターマンション西五反田1階

U　R　L● http://www.codoene.com/
代表取締役● 草薙尚子（くさなぎ なおこ）
事業内容● 分譲住宅事業、不動産売買、賃貸仲介事業

大学での専攻は文学部歴史学科で古文書の勉強をしていました。卒業して、同期生たちが社会に出ていく姿を見ながら、私は就職せずに結婚。いわゆる〝できちゃった婚〟で、その年末に長女を出産しました。世間を知らないまま若いママとなり、慣れない育児に苦戦していた私に待っていたのは「離婚」という人生の岐路でした。

23歳で出産。結婚2年目でケンカが絶えず離婚へ

結婚相手は同い年。学年は1年下でしたから、結婚した時、夫はまだ大学の学生でした。夫は子どもが生まれることを前提に、卒業後の仕事を決めなければいけませんでした。プレッシャーを感じつつも国家試験の勉強に励み、見事に合格。官僚になりました。しかし就職したものの、夫は社会人1年生で慣れない仕事に、私は慣れない育児に毎日疲れ果てていました。ストレスを抱えた者同士、家で顔をあわせるとケンカが絶えません。当時は生活するうえで常識や感覚にギャップがあっても、わかりあえると信じていたのですが、現実はそうではありませんでした。「こんなに毎日ケンカして、こんなに泣いてばかりで、この結婚ってなんなんだろう……」と思い始め、ついに私から離婚を切り出しました。私のわがままでもあったのですが、離婚するのであれば子どもが小さいうちのほうがいいと思ったのです。私は「こうだ！」と思うと、すぐ行動したいタイプなので迷いはありませんでした。

株式会社コドエーヌ 代表取締役 宅地建物取引士 草薙尚子

資格を取得。それを生かして就職する？ 起業する？

すべてゼロからスタートです。社会に出たことのない私がここから何をするか、いろいろ悩んだ末、資格を取ろうと思いました。どうせやるなら、大きいものを動かせる仕事がしたいと思い、宅地建物取引士の試験を受けることに。調べてみると、離婚を決意した日が受講締め切りの2日前。ギリギリで申込み、実質の受験勉強期間は3カ月しかありませんでした。その年は1点足りなくて不合格。引き続き1年間勉強して、25歳で無事合格しました。この資格を生かして就職するか、起業するかの選択ですが、私は両方選択しました。当時、私の父は住宅の工事関係の会社を経営していたのですが、倉庫を登記しただけで休眠にしている会社をもうひとつ持っていました。その休眠会社で、宅建業免許を取得して事業をスタートすることにしたのです。当時、代表取締役は父で、私は取締役でした。

とはいえ、スタートするといっても実務経験がありません。そこで準備期間の間、不動産会社に入って、実務を覚えることに。ひとつは大手不動産会社の契約部に派遣社員として、さらに知人の不動産会社にはアルバイトで、曜日を調整しながら2カ所で働きました。

時代は平成17年、リーマンバブルの頃です。不動産業界は活況で、知りあいの不動産会社も社員が20人近くいて売買、賃貸、居住用、収益用のすべてを手がけていました。そこで私は仕事ができる営業マンにぴったりくっついて、何から何まで見せてもらいました。入り口から出口まで全部です。売買なら仕入れから売却までの一連の流れですから、のちのちひとりで開業した際、とても役立ちました。この時点では、営業マンについて仕事を見るだけでしたが、次第に知りあいから「部屋を探したい」とか、「マンションを買いたい」といった声がかかるようになりました。ふたつの不動産会社に通い始めて半年後の頃です。自分のルートで案件がつかめるようになってきて、ノウハウもある程度身についたと思います。

白金の倉庫のような事務所からスタート

いよいよ自分の会社でやってみようと決断。ふたつの仕事を辞めて、本店登記されている白金で不動産業を始めました。住所は今をときめく白金ですが、なんといっても長期間使ってなかった倉庫です。床は抜けそうな状態で、トイレは和式といった白金のイメージとは程遠い、小屋のようなところでのスタートでした。

お客様は口コミと紹介のみ。3万円、4万円の賃貸物件のために千葉まで出かけていました。どんな小さな物件でも、どんな遠い物件でも紹介の案件をこなして、実績をつくることが大事でしたから、できることはなんでもしていました。アルバイトをして不動産の仕事を見てきたつもりでしたが、実際にひとりで入り口から出口まですべてをするということは、思っていた以上に大変で、トラブルもありました。

不動産業者は開業する際、不動産業者が加盟している協会に入ります。私は東京都宅地建物取引業協会に入会。入会と同時に港区の役員に抜擢されました。「どうして私が役員に？」と思いましたが、当時の不動産業界はまだまだ女性社長が少なかったため、協会からすると貴重な人材だったようです。

でも役員になり、女性部会にも入ったことがきっかけで人脈が一気に広がりました。開業当初でトラブルになった場合、頼りになったのが、この協会会員の先輩社長たちでした。「こういう時どうしたらいいですか？」「こんな案件があるんですけど……」といった相談をすると親身になって教えてくださいます。いろいろな社長たちともつながりができ、仕事でのおつきあいも生まれ、何億という大きな取引にも共同仲介という立場で参加させていただきました。

開発事業に着手。建売一戸建ての販売に成功

ある日、仕事の方向性を変える案件に出合いました。知りあいから、目黒ですごく安い土地情報が入ってきたのです。公道からかなり奥まった土地でしたが、条件がよくない分、安い。目黒界隈は土地勘もありましたから、この土地はなんとしてでも欲しいと思いお金をかき集めて購入。記念すべき建売一戸建てを建てて、販売したのです。

建物は父のつきあいのある若い棟梁に依頼。建築費を安く抑え、確実に売れる価格で売り出したところ、売れました。その土地の隣の住人の娘さん夫婦が買ってくれました。初めての開発案件を無事に売却できたことで、会社の事業実績になりました。これまでは賃貸や売買の仲介をメインにしていましたが、そこに開発が加わったのです。このことで金融機関からの融資も受けられるようになりました。また交流会に出て皆さんに、「私、建売やりました！」と公表。自分の地位を築くきっかけになりました。

デザイナーズPJ "la valeur TABATA"

その後、父の友人の土地の処分を頼まれた際も、自分の会社で土地を仕入れ、そこで3棟現場を手がけました。このことで建売についてのノウハウも身につき、年に1棟から3、4棟の現場をコンスタントに出していけるようになりました。施工は第1棟目を建ててくれた棟梁の工務店で、弊社の木造新築工事はすべてお願いしています。当時は小さい工務店でしたが、今ではお互いに実績を積んで規模が大きな仕事も行うようになりました。

この頃、港区の交流会に出て、ひとりの社長と名刺交換をしました。私の事務所が白金だと話すと、「目黒駅前に白金台の物件があるよ」と教えられました。目黒駅前なのに、なぜアドレスが白金台なのか不思議に思って聞きますと、そこは飛び地なのだと言います。路面店ではなくビルの中のフロアーですが駅前で便利なので、今までの白金の倉庫事務所を移転。役員から代表取締役に変更しました。

品川に事務所を購入。コンスタントに事業を継続

２０１１年、自宅を購入しました。不動産業を知れば知るほど、事務所、自宅マンション、実家マンションという3重の家賃をもったいなく感じるようになり、両親と子どもと4人暮らしができる広い４ＬＤＫを探していました。ちょうどいい具合に１００㎡のマンションがあったので内見に行ったところ、１階の１部屋がテナント募集になっていました。事務所についても、家賃程度のローン支払いで購入ができる物件に出合ったら買おうと思っていました。そこでオーナーに聞いてみると、売ってもいいとのこと。悩むことなく「じゃあ、買います！」と、住戸と事務所を購入しました。ちょうどその頃はリーマンショックで不動産市場は底値でしたから買い時。この時の融資には、保証協会の扉を開くという意味もありました。このマンションを担保にいれることで、法人としての長期融資が受けやすくなることも狙いでした。

この事務所に移転したのを期に、社名をコドエーヌに変更。事務所と自宅が同じマンション内にあ

ることで、さらに仕事がしやすくなりました。この場所でじっくり根をおろし、今日まで建売事業をやりつつ、紹介があれば仲介もやってきました。途中でオーナー住戸の活用を目的にシェアハウスを手がけたこともあります。

「ママ目線」の工夫を随所に凝らした戸建PJ

多くの人に支えられ、開業12年目

私自身としては、開発事業が好きです。この城南地区はすでに開発され過ぎているので、権利関係や地型がきれいな土地というのは、私のような小さな会社ではまず買えません。そこで相続でもつれた物件、話しあいがつかない物件を手間と時間をかけて相談に乗り購入します。こういう案件も長い間携わってきましたので、弁護士や司法書士とのつながりもあり、ノウハウや知識もついてきました。ワンストップで相続の相談に乗り、問題を解決して買い取りまで任せてもらう仕事をメインでやっています。また最近は建売住宅よりも収益物件のニーズが高くなっています。建売住宅に適さない地形の土地、例えば2棟建てたいけど1棟しか建てられない広さの土地にはアパートを建て、1棟売りで賃借権をつけて投資家に売却する事業も始めています。

不動産業を始めてもう12年。最初からずっとひとりでやっていましたが、この事務所に来て従業員が2名になりました。少ない人数ですが、とても効率よく無駄なく働いてもらっており、今がちょうどいい会社の体制だと思います。開発をした場合は設計、施工、販売と外部に頼んでいますが、それぞれのスペシャリストと太いパイプを持ってチームのような感じで一緒にやっています。買う土地さえ決まれば（そこまでが難しいですが）、私の仕事はがっちり事業計画を組んで、あとはお金を借りるだけ。あとはまわりの人たちに頭を下げて、お任せしています。本当にみんなに支えられているし、人に恵まれていると感じます。

昔はすべての仕事に同じパワーを注いで、がむしゃらに働いていましたが、ひとりでやっていると限界があることに気づきました。やはり自分がやれる仕事の優先順位をつけて作業効率をあげていくというのが必要だと思います。この仕事をしていると在庫が残っていると売らなければいけないと思うし、在庫がないと買わないといけないような気になる。大きな自転車操業をしているような状態なのです。できれば中期的な目標としては、投資物件を保有して、安定した賃料収入でやっていけるようになりたいと思っています。

2018年夏、娘とともにエストニアへ

実は今年の8月から、娘がエストニアの高校に留学します。高校時代に私は夏休みに1カ月留学した経験はあるのですが、まったく英語が話せないことがコンプレックスになっていましたので、娘にはどうしても高校時代に1年以上留学させようと思ってはいました。でも海外の夏休み（日本では春休みにあたりますが）は3カ月と長く、1年の留学は実質9カ月しかありません。すると本人の希望で海外の高校に進学しようということに。

なぜエストニアかというと、そこがIT先進国であり、教育先進国だったからです。娘は理系でITについて勉強するのが希望。カナダやアメリカも考えましたが、共通言語は英語で治安がよく、ユーロ圏なのに物価が安い。人口は130万人くらいで日本人はいない。まわりに日本人がいたことで、まったく英会話が上達しなかった自分自身の留学経験がありますから、日本人がいない状況は必須でした。

昨年、ふたりでエストニアまで行き、高校も見学してきました。街の雰囲気もよくて、気候も気に入りました。高校にはドミトリーがないので、私も一緒に移住します。エストニアに住んで、しばらく街を楽しんでこようと思います。慣れてくれれば、エストニアの不動産事情を学び、今の不動産業につながればと考えています。

株式会社マーズデザイン　代表取締役

田ノ本知乎

ほしいものがなければつくる納得のいくものを自分で手に入れる

profile

大阪工業大学を卒業後、1996年に建築・不動産を手がける有限会社プラネットを設立。建築士として家屋や店舗の設計に携わる。ネイルサロンの開設に関わったことから、安心・安全なジェルネイルの開発を目指す。2007年、株式会社マーズデザインを設立。ジェルネイルを中心に、美しくなりたい女性とネイリストのための化粧品や、ネイル用アイテムの企画・開発・製造・販売を開始。マーケティングコミュニケーションや、ネイリストのための勉強会も実施している。

会社概要

社　名　株式会社マーズデザイン
所在地　大阪市淀川区西中島 3-3-2
URL　http://www.mars-design.co.jp/
代表取締役　田ノ本知乎（たのもと さとこ）
事業内容　化粧品製造業／化粧品製造販売業／医薬部外品製造業／医薬部外品製造販売業／高度医療機器販売業賃貸業

「健康な美」の追求者としてトータルなものづくりを

マーズデザインは、ネイル用のジェルやネイリスト用の資材、基礎化粧品、ソープを扱っています。扱っているとひとくちに言っても、研究、開発、製造から手がけています。

業務内容としては化粧品メーカーになりますが、私たちは自社を「ビジネスをデザインする会社」と位置づけています。製品を生み出す過程から、完成した製品がいかに認知され、正しく使われるかまで、すべてに関わっているからです。

単なるメーカーではなく「健康な美」の追求者として、安心安全のポリシーのもと、常に満足と喜びを追求することを経営理念としています。そして、親愛と信頼を育み、思いやりあふれる豊かな社会の実現に貢献すること。それが企業としての使命だと考えています。

技術革新を実現する研究・開発力。高いクオリティーと安定供給性を兼ね揃えた生産技術力。コラボレーションやデザインなど、さまざまな付加価値効果を実現させる総合企画力。マーケティング力やコミュニケーション力も駆使し、そのシナジー力でお客様、販売店様、自社がウィン、ウィン、ウィンの関係を築くことを目指しています。

株式会社マーズデザイン　代表取締役　田ノ本知乎

無から有を生み出すやりがいに魅せられて

マーズデザインの設立は2007年のこと。私はそれ以前にも会社を経営していました。今とはまったく違う業種です。地元大阪の工業大学の建築学科を卒業し、二級建築士の資格を取得して、建築やインテリアの仕事をしていたのです。

建築の仕事を選んだのは、子どもの頃からものづくりが大好きだったからです。イチをニに、ニをサンに積み上げていくことも大変で大切なことですが、ゼロからイチを生み出す、まだこの世にないものを自分の手でつくり出すということに大きな魅力を感じていました。

建築という仕事は、ものづくりのなかでも特にスケールの大きな仕事です。人の命や財産を守るものであり、人の営みの基本となるものです。地図に残り、住む人にとってかけがえのない、思い出とともにあるものです。

そんな建築の仕事が、私は大好きでした。夢中で仕事をしていました。いいクライアント様との縁にも恵まれ、独立を果たし、これが一生の仕事だと、わざわざ意識するまでもなく自然に思っていました。

個人宅や小さな店舗を中心に、設計をし、施工監理をします。インテリアまで手がけることも少なくありませんでした。土地探しからのおつきあいになることもあり、クライアント様とのやりとりは長く密になります。また、完成して引き渡しても、それで終わりではありません。メンテナンスなどでおつきあいが続くのが普通です。

小さな設計事務所でしたから、ひとつひとつの仕事が勝負です。真心を込めて丁寧な仕事をし、アフターケアも万全に。それを心がけているうちに、口コミでいろいろな仕事をさせていただけるようになっていました。

不思議な縁からまったく畑違いの分野へ

そんなある日のこと、店舗設計をさせていただいたネイルサロン様から連絡がありました。オーナー様とは歳も近く、同じ女性事業主ということもあり、親しくいろいろなことをお話しさせていただく関係になっていました。

その日の相談は、私の仕事とはまったく関係のないものでした。サロンで使うジェルネイルに、いいものがないというのです。分野違いの私から見たら、ものすごくたくさんの種類があるように思えるジェルネイルですが「どうしてもコレというものに出合えない」と。

くわしく聞くと、お客様のネイルに優しく、ネイリストに優しい、安心・安全を追求したものがほしいとのこと。その当時は、ジャンル的には化粧品ほど規制が厳しくない雑貨薬剤なので、ある意味、ずさんなつくられ方をしている製品もあるとのこと。

普通の人はそれで問題なくても、アレルギーや敏感肌のお客様のなかには、どうしてもあわない人がいるそうです。毎日使い続けるネイリストのなかにも、手荒れに悩む人が多いといいます。きれいに飾るためのネイルで、爪や手が荒れてしまっては本末転倒です。人の手をきれいにするプロの手が荒れているのはまずいですよね。かといって、手袋をして施術するわけにもいきません。どんな爪にも肌にも優しいジェルネイルや、ハンドクリームはないだろうか。そんな相談でした。

そうはいっても、私にはネイルや化粧品の知識はありません。学生時代から、どちらかというと男性的な建築という業界で生きてきています。周囲にもくわしい人が思い当たりません。けれど、そういう時、どのように解決すればいいかはわかっていました。

納得のいくものがなければ自分でつくる

必要なものがない。見つからない。だったらつくるしかありません。もともと、ゼロからイチにする仕事。形さえないものを、自分の頭と手で生み出す仕事をしています。「なければつくればいい」のは、私にとって特別な発想ではありませんでした。

相談してくださった方は、最初は驚いていました。でも、どの製品もどこかの誰かが生み出してい

女性は美しく輝いていたいもの。
装飾品としてのネイルだけではなく、いつも健康的な爪であってほしい。

るものです。仕組みを知り、順序立てて追っていけば、できないはずがありません。

私は母校を訪ねて、恩師に相談しました。薬学や工学の専門家の知識が必要だと思ったからです。ここでも縁を感じる出会いがあり、協力してくださる薬学博士、工学博士を紹介していただきました。

あとはほしいものをハッキリさせて、そこに向かえばいい。この「ほしいものをハッキリさせる」ことこそが、一番重要であり、難しいことだったかもしれません。

爪や肌に優しい。それだけでは不十分です。今ある製品にはなにがたりないのか。なにがいけなくて、どうしたいのか。

実際に製品化するとなれば、優しいだ

けでは使えません。機能的に使いやすく、施術中のネイリストにストレスを与えないこと。カラーやデザイン的に、お客様がほしくなるものであること。サロン側から考えるコストはもちろん、すぐに落ちてしまうから結果的に高くつくなど、お客様の目線も考えたコストパフォーマンス。バラエティ豊かでありながら、ブランドとしての統一感、アピール力もあること。

そういったことを考えていくと、乗り越えなければならないハードルは多すぎるし高すぎるように感じます。けれど、つくらなければ、ほしいものはないのです。いつか誰かがつくってくれるのを待つならば自分でつくったほうが早いし、本当にほしいものができるはずです。こうして私にとって、新たな会社の起業と、ものづくりへの挑戦が始まったのです。

お客様もスタッフも喜び、利益も出せる製品へのこだわり

製品の安心、安全、信頼性にこだわると、やはり日本国内で生産したいと思いました。そして一番安心な方法として、自社工場で一貫して研究・開発・製造をするのがベストだと考えました。

人に優しく、ジェルネイルとしての品質がよく、コストパフォーマンスもよくて、デザイン性やバラエティも十分。お客様にとっては、すべて揃っているのが当たり前でしょう。けれど、それらを兼ね備えるものをつくるのは簡単ではありません。だからこそ、今、世に出ていないということでしょう。

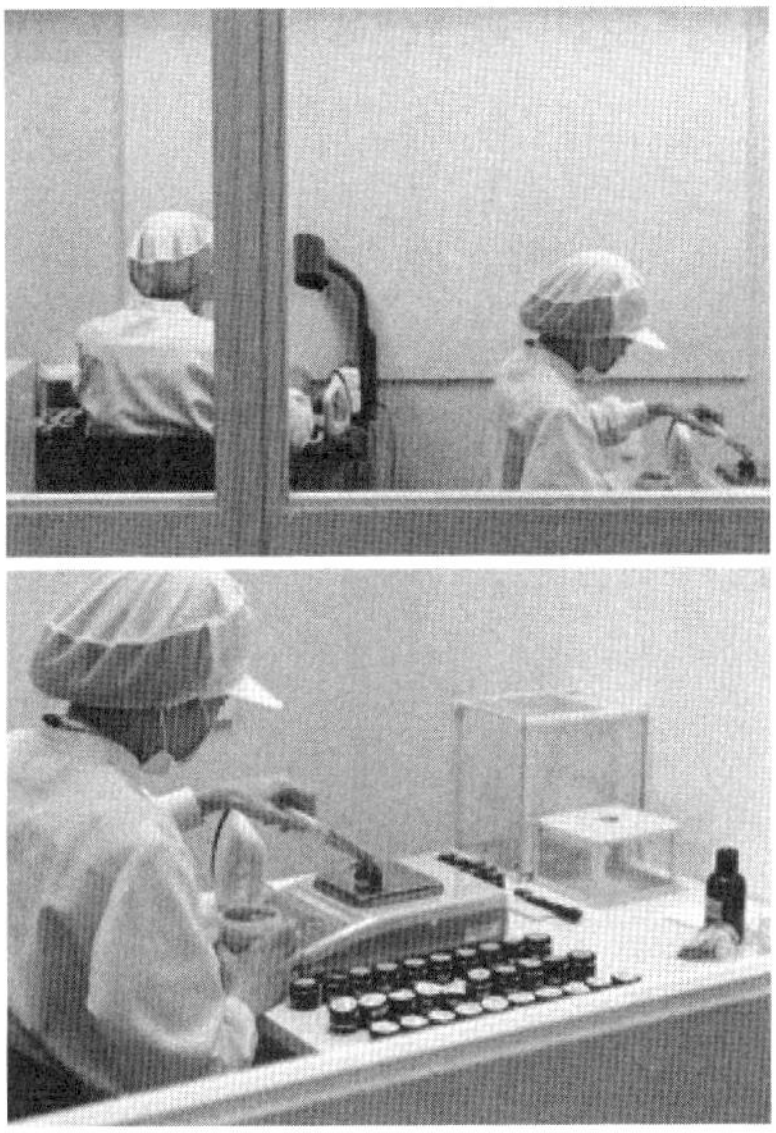
徹底管理の自社工場で製造することも信頼性の裏付け

特に難しいのが、優しさと製品の機能の両立です。爪や肌に優しいものだけ使っていると、どうしても、もちが悪くなりがちです。また、化粧品顔料のみを使っていると、褪色は免れません。当時は一般的にはそれぞれ専用の化学物質を混ぜることで、鮮やかな色を出したり、落ちないジェルネイルにしたりしていることが多いのです。

ジェル特有のニオイが苦手という声も多く聞かれます。それをなくしたい。いい香りのジェルネイルができないだろうか。けれど混ぜものを多くして、爪や肌に負担をかけてはいけない。試行錯誤して、ほんのりピーチが香る、リラックス効果も狙った製品が誕生しました。

色にしても、日本人は中間色を好む傾向があります。多くの色を混ぜて好みの色をつくりだすのもネイリストの腕の見せ所かもしれません。けれど、それでは時間がかかります。時間がかかればコストにも反映します。ネイリストの力量頼みの面も大きくなります。

そこで、中間色、パール、ラメなど230色以上にも及ぶカラーバリエーションを用意しました。

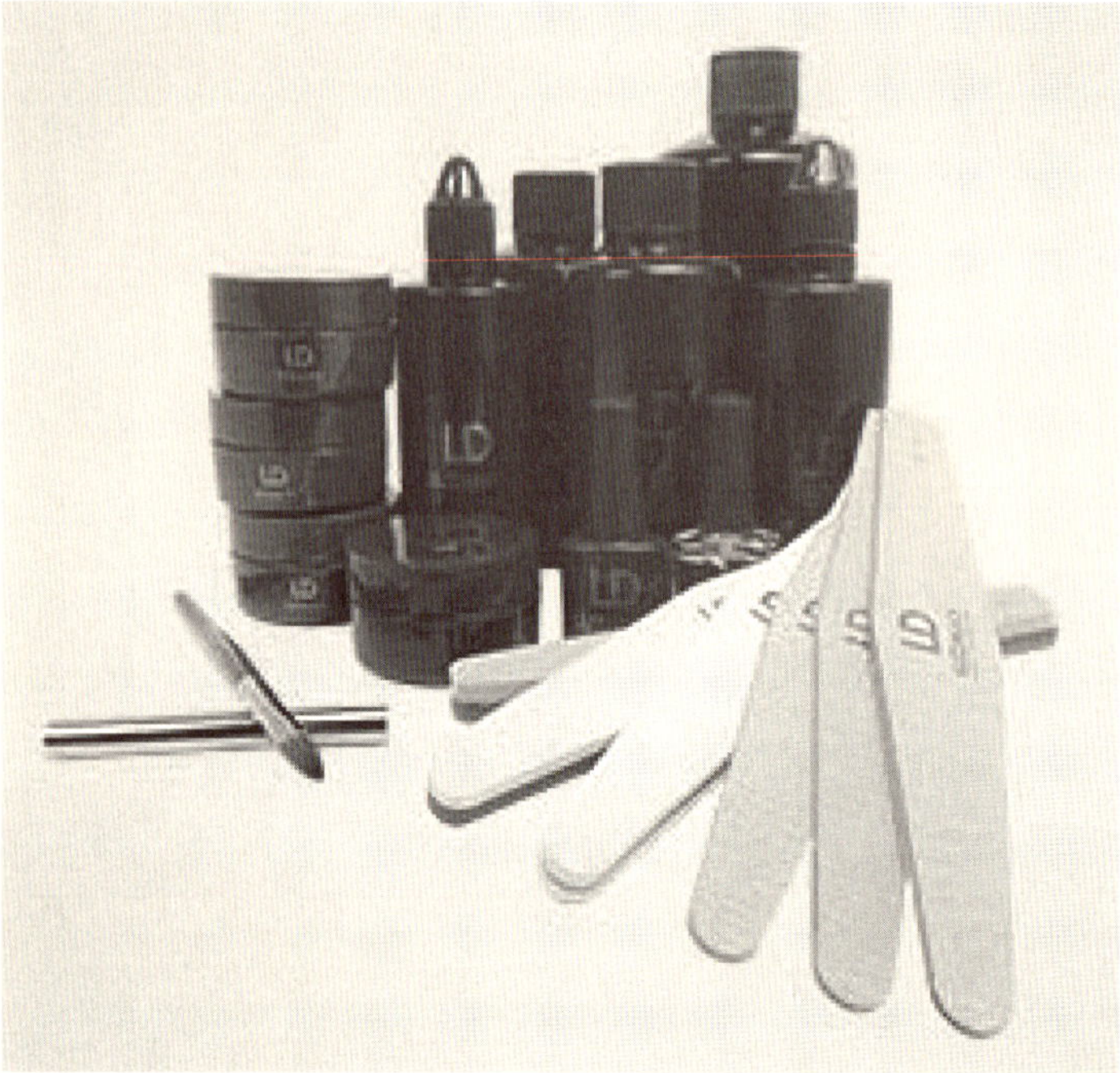
ネイリストのためのプロ用キット

株式会社マーズデザイン　代表取締役　田ノ本知平

ジェルネイルそのものの色なので、薄づきでも発色がよいまま。時間短縮とコストダウンを実現しました。

ちょっと専門的な話になりますが、爪に塗って硬化させた後の縮みを抑える工夫もしています。ネイリストたちの声を反映し、適度な粘度をキープしてジェルスカルプや3Dアートなど、デザインの自由度も高めています。

輝く女性を指先からサポートするために

こうしてひとつひとつのハード

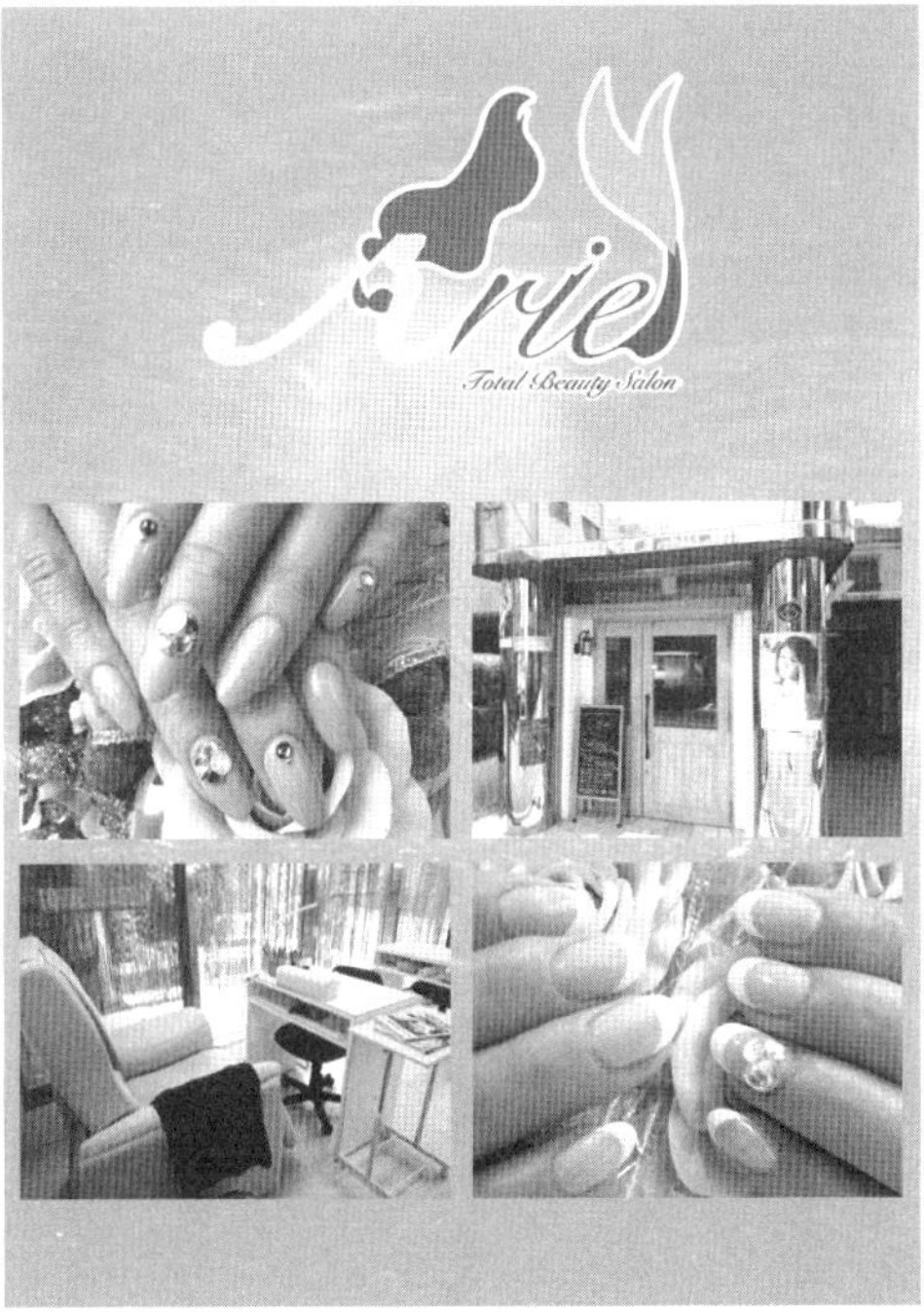

直営ネイルサロン「アリエル」

ルをクリアしていった結果、人に優しい、完全日本製のソークオフジェル（ソフトジェル）が完成しました。食用色素と化粧品原料のみを使用し、パッチテスト済みの、化粧品登録されたジェルネイルです。

容器は紫外線をカットできるよう三重構造で、遮光性とデザイン性を兼ね備えています。優しく扱いやすいジェルネイルとして、お客様にもネイリストにも好評。それが何よりの喜びです。

もちろん、もっともちのよいものや、爪の保護力が高いジェルネイルもあります。けれど、爪や肌に悪いものを入れるわけにはいきません。何百種類もある原材料の中から、アレルギーゼロを叶えられうような材料だけを厳選。健康的な爪に導くことまで考える。それが最大のこだわりであり、そのために私は起業したのです。

株式会社マーズデザイン　代表取締役　田ノ本知平

ジェルネイルほか、基礎化粧品やネイリスト用の商品も企画開発、製造、販売

優しさを譲らず、最大限の機能性を追求する。そしてデザイン性や信頼性、安定供給力といったすべてを満たす安心のものづくり。それがジェルネイルや、ケア用品、グッズ、基礎化粧品などのすべてに貫かれています。ネイリストの迷いや苦労を少しでも解消するアクリルシステム、ケアシステム、ツールなども揃えました。

自社直営ネイルサロン「アリエル」では、指先からおしゃれを楽しみ、それによって癒やされるような施術を心がけています。オーダーメイドでお好みのネイルを実現する最新技術はもちろん、サロンでのひとときでもリラックスしていただける雰囲気があります。

いつでも美しく輝いていたい女性のために、装飾品としてだけでなく、健康的な爪になれる安心安全な製品を、より喜ばれる製品を、これからも世の中に送り出したいと思っています。

念ずれば花開く。信じることで未来は開ける

建築の世界から、ジェルネイルを中心とした美容の世界へ。ひとつの仕事が何百万という世界から一転、ひとつ何百円という世界に飛び込みました。業界もスケールも、まったく違う世界といっていいでしょう。

けれど私にとっては、どちらも同じこと。やりがいに満ちて夢中になれる仕事です。こだわりのものづくりで、関わった人に喜んでいただく。その一点が大事なことなのです。

普段は自分でも気づかないうちにフル回転しているのでしょう。家でゆっくりくつろぐのが、今の私のリラックス法です。仕事に励む私を見ているスタッフたちからは「のんびりなんて想像がつかない」と驚かれますが。もうひとつの気分転換は、おつきあいもあって始めたゴルフでしょうか。

私は不思議なご縁から、想像もしていなかった業界で社長をしています。最初の建築事務所もそうですが、もともと独立しよう、起業しようという強い意志があったわけではありません。自分の信じる道を進む。その手段として起業があったということです。

こんな私でも社長をしているのです。未来や夢は、どこかで突然手に入るものではありません。一期一会の出会いを大切にすること。したいことを明確にすること。自分を信じ、なせばなると念じて進むこと。そんなことの積み重ねが、ほしい未来につながっていくのだと思います。

株式会社エフ・スタイル　代表取締役
北山富喜子

「心を満たすインテリア創り」をお手伝い

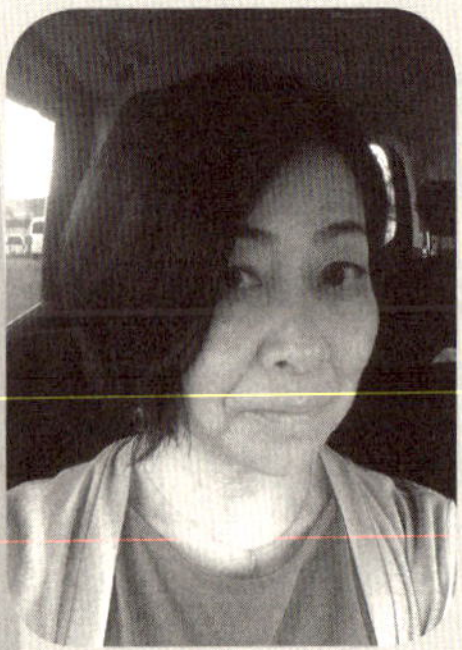

profile

静岡県沼津市生まれ。文化女子大学短期大学部生活造形科を卒業後、大手ハウスメーカーにてインテリアアドバイザーとして勤務。

25歳の時、商業施設の企画デザイン会社、その後地元のインテリア会社に転職。

14年間勤務したのち2002年インテリアコーディネート業務を主体とし、一般住宅やモデルルームのプラン設営等を手掛けるエフ・スタイルを設立。その後2012年に株式会社エフ・スタイルに法人化。代表として日々、お客様の「夢を形にする」お手伝いをしている。

プライベートでは3女の母でもある。

会社概要

社　　名　株式会社エフ・スタイル
所　在　地　静岡県三島市玉沢54

代表取締役　北山富喜子（きたやま ふきこ）
事業内容　インテリアコーディネート、新築、リフォームについての相談、企画、工事全般

工芸デザインを学びに東京へ

将来、どんな職業につきたいのか、初めて考えたのは高校時代かもしれません。その時は、工芸デザインを勉強したいと思っていました。それは多分、母の影響があったと思います。というのも母は、家具や食器、洋服など何に関しても「そこにあるもの」を使っていました。このデザインが気に入ったから買ってきたとか、この色でコーディネートしてみたとか。そういう暮らしを彩るモノに対して、まったく無頓着でした。昭和の時代に3人の娘達を必死に育ててくれていたからでしょう。でも、そんな母の姿が反面教師になったのか、私はもっとモノにこだわって暮らしたかった。食器はもちろん、スプーンやフォークなど小物に至るまで好きなデザインを選びたかったのです。

小さい頃から、間取り図を見るのが大好きでした。新聞に折り込まれてくる不動産会社のチラシ。間取り図がぎっしり掲載されているものがあり、それを見るのが楽しみ。間取り図は中古の一戸建てですが、こんな家いいなあ、ここを私の部屋にしたいなど、頭のなかで勝手に空想の世界を広げ、飽きもせずに眺めていた記憶があります。

どんな空間で暮らすかということにこだわりが強かったのでしょう。工芸デザインを希望して東京の短期大学に入学。自分が望んだ分野ですので、意匠学や住宅の室内論などを興味深く学び、短大の2年間はあっという間に過ぎていきました。

インテリアアドバイザーとして地元で就職

卒業後、実家のある沼津に戻り就職。入社したのは大手ハウスメーカーで、とても研修がしっかりした会社でした。定期的に研修が開かれ、そのたびに名古屋まで出向き、しっかり学ばせていただきました。

地元、三島店ではインテリアアドバイザーとして従事。住宅展示場で打ち合わせをするのが仕事です。ハウスメーカーは部材や素材で標準となるもの、使えるものが決まっているので、そのなかからお客様に提案します。最初は先輩について接客の様子を見ていましたが、その後まかされてひとりで対応することに。初めての打ち合わせで、私のアドバイスにお客様が喜んでくださったことは、とてもうれしい記憶です。仕事も楽しかったけれど、机に向かって作業するよりも、人と会って会話を重ねていくことが好きでした。

入社して5年目になったある日、上司から「結婚したらどうする？」と声をかけられました。いわゆる「肩たたきのような感じ」でした。仕事には全く不満はなかったのですが、長く勤められない会社だったことがわかり、すぐに辞めることにしました。

起業のきっかけとなるインテリア会社に転職。営業でスタート

ハウスメーカーを辞めた後、地元で設計をしている友人から、「女性を集めて仕事をしているインテリアの会社の募集があるよ」と連絡を受けました。その会社に電話を入れると、「明後日から出社できますか？」と聞かれ、それからその会社で14年間働くことになりました。

入社するなり「キミは営業だ」と言われました。私はハウスメーカーで5年働き、住宅営業の大変さをイヤというほど間近に見てきたので、自分が営業をするなんて、とんでもない。無理！　イヤだと思いました。でも配属は変わらず、最初は飛び込み営業から。相手は設計事務所や工務店、不動産会社です。まずは自分なりに訪ねる会社をリストアップしてデータをつくり、会社に電話してアポをとるという毎日。最初はとてもいやで仕方なかったのですが、何度も通うことで顔を覚えてもらえ、「お茶でも飲んでいけば」と言われるように。次第にその人や会社とつながっていくのが実感できるんです。もともと人と話をするのは嫌いではないので、だんだん楽しくなっていきました。

年齢的には25歳。ゴルフや遊びに誘われて一緒に出かけることも多くなりました。そこでまた人と出会いつながります。ゴルフでのエピソードですが、まだ始めたばかりで、みなさんにご迷惑がかからないようにと、急いで走ってプレーしていたところ、ある方に「慌てずにゆっくりプレーすればいいよ」と、言われました。今思うと、これは仕事と同じです。まわりの状況を見ながら、考えて行動すること。

あの時の言葉は忘れられません。

仕事と子育ての両立を考え、在宅勤務に

この時期は、まさに仕事の虫だったのですが、プライベートでは転職した翌年、26歳で結婚。1991年に長女、1995年に二女、1998年に三女と家族が増えていました。長女が生まれた時は半年の育児休暇をとりました。実家周辺ではまだ女性が働くことに免疫がなく、仕事のために保育園に入れるなんて嫁として失格、と思われる時代でした。

しかし、長女が2歳になってからは保育園に預け、働き続けました。仕事が軌道に乗った頃、ふたり目が誕生。子どもがふたりになり仕事との両立をかなえるために、会社に、在宅勤務に変えてもらう新たな提案をしました。

うれしいことに、会社は申し出を承諾してくれ、社員のまま在宅勤務になりました。在宅勤務になったことで、子育てと仕事と家事の時間の組み立てが自由にできるようになり、効率アップ。ただ仕事は何から何まで全部自分が取り仕切ることになりました。打ち合わせをして自分で図面を引き、見積もりを出す。材料の発注をして、現場も見ます。全部まかされてはいますが、何かあった時には会社が責任をとってくれました。

事務所にて

以前のハウスメーカーでは使えるものが決まっていましたが、この会社はカーテンや壁紙など何でも選べました。しかし、照明は取り扱っていませんでした。「トータルコーディネートを考えたら、照明をはずすわけにはいかないです」と提案。照明も新たにやらせてもらうようになったのです。今思えば、社長はパワーだけでなく、新しいものを探し出し積極的に取り入れるのが上手でした。

14年勤務の会社を円満退社後、ついに起業

1998年、三女が生まれて半年後に父が他界。父が携わっていた仕事の後処理など、私にしかできないプライベートな雑務が増え、契約社員にしてもらいました。

この先も仕事と子育てで、ずっとこんな生活が続く

にちがいないと思い込んでいたある日のことです。「あなた、自分でやったらどうなの?」と、設計士でかつ高校の同級生である友人から言われたのです。会社に不満があったわけではありませんが、彼女のその言葉に後押しされ、14年間お世話になった会社を円満退社し、独立しました。

彼女の一言がきっかけになりましたが、どこかで自分でやってみたい気持ちがあったのでしょう。会社間での成績やコスト等に振り回されたくない、1軒1軒をもっと充実させて取り組みたい、と思うことは何度もありましたから。

会社の名前はエフ・スタイルです。エフは対外的にはForのF、あなたのためのという意味ですが、実際はフキコのFといったところです。前の会社のお客様とは別れ、別のところに営業に出かけ顧客探しをイチからスタート。独立を勧めた同級生や知り合いが、新しい顧客を紹介してくれました。

最初は私ひとりでしたが、2年目には女性スタッフを採用してふたりに。売り上げは、開業当時から次第に上がっていきました。手伝いに行った先から仕事が入ることも。開業後、ハウスメーカーのインテリア部として契約でき、継続的に仕事が入ってくるのも幸いでした。お客様の要望で外構工事も始めました。現在社員3名ですので、許容量が小さく、パンク寸前になりながらも、仕事が切れずに入っております。ひとつひとつの仕事をていねいに対応してきたことが、今につながっているのだと思います。

女性の視点で生活に即したプランを提案

開業して以降、私の信念は、「お施主様の心を満たすインテリア創りをお手伝いすること」と考えています。インテリアコーディネートというと、壁紙や照明器具を選ぶお手伝いをイメージされる方が多いかもしれませんが、それは仕事のほんの一部にすぎません。

リフォームの場合、住んでいらっしゃる方は「困っていることがあって、それを解決したい」、または「こんな暮らしがしたい」と思って弊社に来られています。私はインテリアコーディネーターであるとともに、生活に密着している生活実感のある専門家です。女性の視点で、より細やかに、生活に即した提案ができるのが弊社ならではの強みであると思っています。そうはいっても人それぞれ生活の仕方は異なりますから、押し付けず、自分の体験は置いておいて、クライアント様のヒアリングを重要視しております。

「こんな暮らしがしたい」と、ある程度漠然としたイメージをお持ちの方には、思っていることを全部ヒアリングしたうえで、その思いを叶えるために奔走します。具体的に直したい箇所、それに伴う床、壁、天井、ファブリックなど手で触るところ、目に見えるものが心地よく過ごせる場となるように、予算と兼ね合わせて決めていきます。今まで暗くて使いづらかった部屋が明るくなる、広くなると、それだけで人の気持ちが変わります。「リフォームをしてよかったわ」と喜んでもらえた時が一番うれ

リノベーションの相談に来られたお客様の室内の様子(before)

しい時。面白くてやめられません。

創業5年目にパーティーを開いたのは、いい思い出です。陶芸、染色、アイアン、ガラスなど仕事でおつきあいしている5人の作家さんの作品展を開いた時がちょうど5周年記念でしたので、自宅を開放してお客様やご近所の方に来ていただきました。200人以上集まりました。人が集まると楽しいし、そこから仕事が生まれることもあります。家を建てたり、リフォームをすると建具や部材に使う小物を作家さんにつくってもらったりするので、クリエイターの知り合いも増えてきます。発表の場で、いろいろな人が出会い、新しいつながりが生まれるのはうれしいことです。

また子どもの送り迎えはずっと続けていたのですが、ついに2017年に終了しました。三

右頁の暗かった居室がリノベーションにより明るく開放的な空間に変わった(after)

女が高校を卒業したことでようやく解放されたのです。長女は照明メーカーに就職していたのですが、3年前から私の仕事を手伝ってくれるようになりました。よもや娘と一緒に仕事をするようになるとは思ってもみませんでした。

仕事柄、いろいろな建物を見学するのが趣味でもあったのですが、最近は長女ともよく出かけるようになりました。東京に『虎ノ門ヒルズ』が完成したとか、『銀座シックス』ができたなど有名な施設や建物ができるとふたりで出かけ、隅から隅まで歩いて見学します。

時代によって流れがありますから、できるだけ自分の目で見ることが大切。最先端の情報を収集するために、常にアンテナを出しておくことが必要だと思います。

もっと世界も知らないとと思っております。

旅に出かける余裕がほしいです。

インテリアコーディネーター協会の交流も盛んに

３年前から静岡県インテリアコーディネーター協会の会長に就任しました。インテリアコーディネーター同士の親睦や情報交換、インテリアコーディネーターの社会的向上やスキルアップが目的ですが、年に数回は講演会も開催しています。講師は普段はお目にかかれない巨匠と呼ばれるような有名な方をお呼びすることができました。

家具、家電、ロボットから家庭日用品に至るまでデザインを手がけ、日本、海外でヒット製品を数多く生むデザイナー・喜多俊之氏や、『カッシーナ』、『アルフレックスジャパン』などのチェアデザインで多くの賞を受賞している川上元美氏を招いて講演をお願いしました。おふたりともこの業界であれば絶対知っている有名な方。そんな方が静岡にまで講演に来てくださったんです。参加した会員からもとても喜ばれました。

あと少し、会長としてやるべきことを遂行し、静岡のインテリア業界を盛り上げていきたいと思っております。

はじめて起業される方へ

人と人とのつながりは大事にしてください。どこにチャンスがあるかわからないし、どこからチャンスが広がるかもわかりませんから。私は仲間の設計士のある方から、「いい加減」と言われたことがあります。「そのいい加減さがいい」のだと。「いい加減」とは「不真面目」という意味でなく、「ちょうどいい」という意味。最初言われた時は、意味がわからず、「私は真面目にやっているのに、どういうこと?」とショックだったんですよ。

また起業するなら、何事にもへこたれない強い覚悟を持ってください。私自身、落ち込まない性格で、ギリギリのところで収まっているのですが、もう少し余裕を持ちたいな、とは思います。そして「謙虚さと感謝」を忘れずに!

女性でがんばっている人が多い業界です。私がここまで歩んで来られたのは、この仕事が好きだから。自然体で仕事が好きでいられることに喜びを感じています。

ブランシェ国際知的財産事務所　共同代表 弁理士　**鈴木徳子**

知的財産で人を幸せに、未来に花を咲かせたい

profile

福岡県博多に生まれる。4歳から18歳まで「坊ちゃん」の舞台、愛媛県松山市で育つ。一橋大学卒業後、大手都市銀行に入行。融資業務や住宅ローン販売を経験。マーケティングに興味があり、現ウォルト・ディズニー・ジャパン㈱に転職。マーケティング部に配属して多くの仕事のノウハウを学ぶ。その後、ディズニーベビーキャラクターのブランディングを担当。この時初めて、「知的財産権」という言葉に出合い、その重要性を実感。弁理士試験を目指す。弁理士試験合格後、海外に強い知的財産権管理会社に入社。商標権取得、企業合併に伴う移転手続きや侵害対応などに携わる。大学院向けの教材作成や各種セミナー開催など広範囲に活動。2015年、ブランシェ国際知的財産事務所を設立。日本弁理士会・公認会計士協会「知財会計プロジェクトチーム」の海外支援グループに所属。(財)さいたま市産業創造財団登録専門家、独立行政法人中小企業基盤整備機構EC・IT活用支援パートナーなど歴任。

会社概要

社　　名　ブランシェ国際知的財産事務所
所 在 地　東京都新宿区高田馬場1丁目28-18　405号
U R L　http://www.branche-ip.jp/
共同代表　鈴木徳子（すずき とくこ）
事業内容　著作権、特許権、商標権の知的財産に関する相談、取得手続き、ライセンス交渉、出願代理業務。ベンチャー企業支援など

私は、特許や商標などの知的財産の出願代理業務やライセンス交渉の仕事をしています。この仕事には「弁理士」という資格が必要なのですが、同じ国家資格の弁護士や税理士に比べて、あまり知られていないと思います。おそらく、個人よりも企業を相手にする仕事がほとんどだからでしょう。試験は1年に一度、私が合格した時の合格率は4％程度。5年で合格すれば上出来といわれていました。そんな弁理士ですが、私は学生時代からこの職業に就きたいと考えていたわけではありません。

マーケティング部配属で、仕事の面白さを知る

小さい頃から具体的な夢はありませんでしたが、「サラリーマンで一生終わるのはイヤだ！」と、漠然と独立への夢はあったようです。経済学部を卒業して大手都市銀行に就職しました。まだ何をやりたいか決まっていませんでしたが、都市銀行は数字を扱うので、将来役に立つのではと考えたからです。当時、総合職制度ができて数年目。大手都市銀行が、こぞって女性を採用し始めた時期でした。

入行して、預金獲得のノルマを達成するのに必死でした。朝は7時から、夜は10時半くらいまで銀行にいます。総合職なので、みんなが帰るのを見届けるのも仕事。自分の仕事がなくても居残るのがあたりまえという時代でした。3年働き、明るい未来が見い出せず、転職しました。

転職先は、ウォルト・ディズニー・エンタプライズ㈱（現、ウォルト・ディズニー・ジャパン㈱）です。

ブランシェ国際知的財産事務所　共同代表 弁理士　鈴木徳子

仕事に対するスタンスはここで学び、現在の仕事に結びつく大きな節目となりました。

配属されたのはマーケティング部です。一緒に働く同僚は、広告代理店や音楽関係、キャラクター関係からの転職組。彼らの持っているスキルや才能に比べ、銀行での3年間が何の役にも立たないということを思い知らされる毎日でした。1年間やっていた仕事は、上司から出される文書のタイピングのみ。どう這いあがっていけばいいのかわからず、苦しい日々が続きました。

人生初の企画書で「エクセレント」のお墨付き

そんな時、組織変更があり、「ディズニーベビー」を積極的に売り出していく部署に転属しました。4人チームで、トップは外資から引き抜かれた女性マネージャー。身長が170cm以上ある、見るからにできるタイプで、実際にパワフルな人でした。

その上司がチーム全員に向けて、知育玩具の取引先への企画書をつくることを命じたのです。人生で一度もつくったことがなく、やり方もわからなかったのですが、下っ端である私にも課題を与えてくれたことがうれしく、チャンスが与えられた気がしました。

自分で赤ちゃんの生態を調査し、赤ちゃんに関する本を何冊も読み込み、何軒も店舗をまわり市場調査も実施しました。その結果、赤ちゃんの行動や生態は月齢に応じて変わるので、月齢に応じた玩具を提案する企画書を提出しました。すると、その企画書に「エクセレント！」がついて返ってきたのです。「エクセレント」＝優秀賞は私だけ。その結果に驚きました。

さらに上司から「こんな企画書がつくれるのに事務はもったいない。やる気があるなら徹底的に鍛えるけど、どう？」と聞かれました。もちろん「ＹＥＳ」です。その日が私の大きな転換点となりました。

一番下っ端でしたが、クライアントへのプレゼン、妊婦さんを集めてのマーケティング調査、雑誌とタイアップしたディズニーベビー商品プレゼント企画など、さまざまなイベントにも参加し、いろいろな経験を積むことができました。土日関係なく働き、誰よりも早く出社し、一番遅くに退社。仕事が楽しくて仕方なく、がむしゃらに馬車馬のように働きました。

この時期、上司から仕事に対するスタンスをたくさん学びました。「与えられたことだけをするのが仕事ではない。仕事は自分でつくるもの」、「これだけは絶対に誰にも負けないスキルをひとつでもいいから身につけなさい」、「もっと自分をアピールしなさい」などの言葉は、今でも私の指針になっています。

上司に言われた言葉のなかでうれしかったのは、「この子はうどん製造機だ。粉を入れると、うどんが自動的にできあがってくる」という言葉です。現在の仕事でも、自分は「うどん製造機」として、お客様のニーズをくみ取っていくべきだと思っています。

ブランシェ国際知的財産事務所　共同代表 弁理士　鈴木徳子

役員秘書時代に弁理士試験勉強をスタート

マーケティング部での仕事ぶりが気に入られて、役員じきじきのオファーにより秘書になりました。以前に比べ時間的には余裕ができましたが、しょっちゅうかかってくる米国本社からの電話は大の苦手でした。受話器越しの英語は聞き取りにくく、電話が鳴るたび緊張し、心臓にはよくない仕事でした。

そんな時、お世話になっている人から弁理士試験の勉強を一緒にしませんか、と声をかけられたのです。上司に言われた「人に負けないスキルをひとつでもいいから身につけろ」という言葉を思い出しました。

そもそも、ディズニーは知的財産に基づいたライセンスビジネスを行っています。キャラクターは著作権の保護対象ですし、ディズニーという言葉やキャラクターの名称、デザインは商標登録されています。ディズニーは商標や著作権などの知的財産を第三者にライセンスしてロイヤルティ収入を得るというビジネスを行っているのです。

たとえば、ディズニーキャラクターのTシャツは、ディズニーからライセンスを許諾されたアパレルメーカーが製造販売しています。ディズニー自体が商品をつくっているわけではありません。訴求力のある知的財産を持つということは、それを第三者にライセンスすることで莫大な利益を得ることができます。一方で所有する知的財産権を守ることは非常に大切になります。無断で使われていないか、近隣諸国から模倣品が輸入されていないかなど、常に目を光らせておく必要があります。しかし、当時の私に知的財産権の知識はなく、著作権に関する問い合わせを受けることもありましたが、しどろもどろでした。知的財産権についてきちんと勉強する必要があると感じ、弁理士試験へのお誘いをお受けしました。

週1回、会社が終わって専門学校の講座を2時間ほど受講しますが、行くだけで精一杯。1年ほど続けましたが体力的にきつく、仕事との両立は難しくなっていました。「今ならまだそれほど時間やお金を使っていないし、スパッとやめてもいいかも……。でも、後で後悔しないかな？」

年齢は30歳を超えていました。自分のキャリアを見直す時かもしれません。悩んだ末、仕事を辞めて弁理士試験を続けることを選びました。

4回目の受験で弁理士に合格！

ディズニー社に、勉強に専念するために辞めたい旨を伝えたところ、「受かったら戻っておいで」と言われ、休職扱いになりました。ところが、私は本気で勉強したにも関わらず2年目も不合格という結果。まわりの受験生を見渡してみると、5年選手はざらで、10年以上受験し続けている人もいました。

これ以上、会社に甘えるわけにもいかず、正式に退社しました。

4回目の受験で、ついに合格。晴れて弁理士になり、海外に広いネットワークを持っている国際的な知的財産権管理会社に就職しました。そこでは国内外の大手企業の商標案件を数多く扱いました。クライアントは大手企業ばかりで、誰もが知っているような有名ブランドの商標取得や権利侵害対応のサポートなどに従事。自分が関わったブランド商品がテレビCMで流れることもあり、少しはお役に立てたと思い、うれしくなったものです。

特許や商標などの知的財産権の価値を十分認識している大手企業は、その保護だけでも年間億単位の費用をかけています。自社ブランドと似たような名前の品質の劣る模倣品が市場に出回ると、他社との差別化ができなくなるばかりでなく、自社ブランドの価値が貶められることになりかねません。とりわけ米国など海外は日本以上に権利意識が強く、「これって似ている?」と思えるような商標に対しても、使用中止を求める警告書が送られてくることが多々ありました。

グループリーダーになり、部下やクライアントとの関係も良好でした。大手企業の法務部長さんと飲みに行くことも多く、業界の特徴や知的財産についてさまざまなことを教えていただきました。またクライアントが大手企業と合併したことで、世界120カ国以上に所有している1万件以上におよぶ商標の名義変更手続きに従事。商標の数も膨大でしたので、この手続きには2年近く要したと思います。

40歳過ぎて独立するも、開店休業状態に

ふと気づくと、私は40歳を越えていました。独立するなら体力・気力のある30代と思っていたのですが、とうに越えてしまいました。ディズニー時代を含め、知的財産に関わってすでに15年以上。経験も積みましたから「独立するならこのタイミング！」と決断。お世話になった会社を退職しました。

ついに起業です。ところが物事はなかなかスムーズに進みません。前社ではずいぶん貢献したと自負していたのですが、大手企業からの仕事依頼は私のおかげでなく、会社という組織があったからこそ。今までお付き合いのあった大手企業からの仕事はまったく来ません。集客に励まなければと焦っていましたが、こともあろうにギックリ腰でダウン。ようやく回復しかけたと思ったら、次々と体に不調が生じ、仕事に向き合えません。おそらく、今まで無理して仕事をしていたツケが一気に出たのだと思います。

というわけで、独立したものの休業状態。今、振り返ると、この時期があったからこそ、それまでの自分中心的な行動や考え方を振り返り、反省することができたのだと思います。

ブランシェ国際知的財産事務所　共同代表 弁理士　鈴木徳子

自ら出向き、積極的な提案で顧客を増やす

しばらくの休業期間を経て再開するも、集客に非常に苦労しました。知的財産という世間一般には馴染みのないものを取り扱う上に、企業向けのビジネスなのでハードルがとても高い。個人事業主や起業したてのお客様には、知的財産とは何か、というところから説明しなくてはなりません。そこで、知的財産に関するブログを書いたり、セミナーを開催したりしながら、地道に啓蒙活動に励みました。

仕事自体が一般にわかりにくいものなので、他の特許事務所と差別化を図るうえでも自分自身を売り込んでみようと思いました。最初は異業種の経営者の集まりに参加して、ネットワークを広げることに力を入れました。おかげで経営者の友人もたくさんでき、定期的に情報交換会や食事会を開いています。

ビジネスパートナーとともに事務所を設立

独立して、大きな転機となったのが、今のビジネスパートナーとの出会いです。パートナーと私は専門分野が異なり、技術系でライセンス交渉の経験も積んでいたので、組む相手としては最高でした。

２０１５年、今のブランシェ国際知的財産事務所をパートナーとともに設立。ブランシェはブラン

ドコンシェルジュを縮めた造語です。「ブランシェ」はフランス語だと「白い、最新の、流行の」という意味があるそうで、事務所名にふさわしいと思いました。もちろん商標登録も済ませています。

私が独立した当初は集客もままならない状態でしたが、今となっては数多くのご紹介をいただくようになり、非常に忙しくなっていきました。お客様も個人事業主から国立研究機関まで幅広く、関東のみならず九州や大阪からわざわざ来てくださる方もいらっしゃいます。また海外への出願も増加。海外からのお客様も増えています。

この仕事をしていてとても楽しいのは、お客様と一緒になって製品開発の方向性や、その製品の売り方などのアイデアを「こうでもない、ああでもない」と出しあう場面です。クリエイティブな作業はとてもワクワクします。

新しい制度を生かして、地元産業を応援

弊所の特徴は、特許庁へ手続きをする企業の下請け的な仕事ではなく、自らサービスの分野を切り開き、クライアントにサービスの提案をするところです。新しい法律や制度ができた時こそビジネスチャンス。新しいサービスを考えて積極的に営業していますが、こんな特許事務所は他にないと思います。

2016年「伊予生糸」登録授与式。農水省副大臣らとともに

その一例ですが、2015年に導入された農産品の品質を保証する農水省が所轄する「地理的表示保護制度」では、弊所が日本で初めての登録代理人となりました。

愛媛県の高級生糸「伊予生糸」を申請したのです。実は、「伊予生糸」は伊勢神宮に奉納されるほど高品質で、かつてエリザベス女王の戴冠式のドレスに使用された誇るべき素材です。しかし地理的表示保護制度が制定される前は、愛媛県人ですらその存在を知らない人がほとんど。養蚕農家の高齢化が進み、産業自体が廃業寸前のところに追い込まれていたのです。

私は愛媛県庁に連絡をして「『伊予生糸』が地理的表示として登録されると、きっと全国的にマスコミが報道するはずですから、それをきっかけに『伊予生糸』復興のきっかけがつかめるかもしれません。ぜひ申請をお手伝いさせてください」という旨のお話しをしました。

その結果、弊所が「伊予生糸」の地理的表示の申請代理人となったのです。非食品分野で見事最初の登録となり、マスコミに大きく報じられました。いまでは、愛媛県は「伊予生糸」に力を入れて、県の財産として守ろうという機運が生まれています。

当時養蚕農家が7戸しかありませんでしたが、この地理的表示登録を機に、50年ぶりに養蚕就農の後継者が現れたといううれしいニュースも届きました。

最近は知的財産にまつわる紛争案件のご相談が多くなってきました。「大手企業と共同で研究開発したのにも関わらず、大手企業が勝手に特許をとってしまった」などです。

中小企業は知的財産に対する意識が低いゆえに、独自のアイデアや技術を秘密保持契約も結ばずに大手企業に教えてしまうなど、自社に不利になってしまうことを行ってしまうことが多々あります。

独自の技術やアイデアで差別化を図る必要がある中小企業こそ、特許や商標などの知的財産について注力する必要があるのではないでしょうか。

弊所ロゴマーク

私たちの使命は、「知的財産で人を幸せにすること」です。ロゴマークにこめた、人のつながりを大切に、知的財産を軸に未来に向けて花を咲かせるために、みなさまとともに歩んでいきたいと思っています。

有限会社ひとみ　代表取締役　**森ヒトミ**

特別な日を彩るフォーマルグッズで女性がもっと素敵に輝くお手伝いを

profile

結婚、出産、離婚後に一念発起し起業。女性を輝かせたいという想いから、未経験からブライダルブーケのデザイン、製造を志す。机1台と電話だけの事務所からスタートして約30年。

会社概要

社　名	有限会社ひとみ
所在地	東京都墨田区東向島 2-34-1
代表取締役	森ヒトミ（もり ひとみ）
事業内容	フォーマルバッグ、シューズ、アクセサリーの企画、開発、製造

子どもと生きていくための起業

若くして結婚、出産した私は、離婚を経て第二の人生を考える必要に迫られました。さてどうしましょう……。もともと働くのは好きなので、仕事をするのは楽しみでした。

あとは何をするかです。普通の主婦だった私が会社の代表になるなんて、思いもよらないことでした。でも、第二の人生をやり直すのだから、自分の心に従ってやりたいこと、好きなことをして生きていこう。

そこで頭に浮かんだのが、ウェディングの風景です。神前式を行った私はウェディングドレスを着ることが叶いませんでした。結婚に失敗したとはいえ、ウェディングドレスやブーケへの憧れが、ずっと心の中にありました。

女性が一番輝くその日を彩る仕事がしたい。自分の想い、着たいと心から思えるようなドレスやアクセサリーをつくって、幸せで胸がいっぱいの女性の記念の日を飾りたい。そう思ったのです。

それならば、自分で会社をつくってしまえばいい。今思うと無謀ですが、その時は必死でした。これから先の人生を生きていく。大好きなウェディングの仕事をする。それを叶える方法が起業だったのです。

有限会社ひとみ　代表取締役　森ヒトミ

飛び込み営業を続け、初めての受注、そして納品

まずは有限会社ひとみをつくり、オフィスを借りました。机ひとつと電話だけの事務所です。しかも、仕事があるわけでもありません。でも、したいことは決まっています。あとは動くだけです。日暮里や蔵前などの問屋街を歩きまわり、自分の考えるブーケのデザインにぴったりの生地を探しました。お店には膨大な量の生地があり、問屋街にはそんなお店が何軒も並んでいますが、なかなかこれぞと思える生地は見つかりません。

けれど、最初から妥協をしていては、自分の会社をつくった意味がありません。女性をもっともっと輝かせたいという夢を叶えるため、毎日、毎日生地を探しまわりました。

ようやく出合えた生地でブーケ、帽子などを手づくりしました。自分ならどんなドレスを着たいか。どんなブーケに出合いたいか。それを考えながら、幸せなシーンを頭に描きながら、型紙をつくり、布を裁断し、仕立ててサンプルをつくりあげました。

次は売る場所を探さなければなりません。サンプルを紙袋に詰めて、ウェディングやフォーマルのアイテムを扱っているお店に一軒一軒飛び込みます。名刺を出し、サンプルを見てほしいと告げます。たいていの場合は「忙しい」「決まった業者がいるから」「ひとみなんて聞いたことない」と、見せることさえ断られてしまいます。

心が折れそうになりますが、落ち込んでいては何も始まりません。売り先を探すしかない。他に選択肢はないのです。

そんなある日、新宿ルミネのウェディングコーナーを見て、いつものように「店長さんはいらっしゃいますか?」と飛び込みました。いきなりの営業にも快く見てくださった店長さんは「ふーん、面白いね。こういうのはなかなかないよ。ちょっとみんなにも見せてみたいから、サンプルを預かってもいいかな?」とおっしゃったのです。

お預けして2週間後。「店長会議で採用が決まりました」という連絡が。全国50~60店舗ほどのルミネのお店で、私のブーケを販売してくださるというのです。本当にびっくりしてしまいました。

生地でつくったブーケ

当時の私は、全国展開のお店だということも知らなかったのです。新宿ルミネのフォーマルショップに営業に行ったつもりでした。それが「○日までに数百個、納品できる?」なんて、いきなり言われたのです。

このチャンスを逃すわけにはいきません。「はい、できます!」と即答しました。それからが大変。短期間にひとりでつくれる数ではありません。つくってくれる職人さんを探さなければ。

オフィスで電話帳を広げ、工房とか、ものづくりっぽいところに手当たり次第電話をかけました。相手からすれば、得体の知れない人間から急に「ブーケをつくってほしい」という電話です。名前や業種で予想して電話をしているので、話してみたら見当違いのこともありました。飛び込み営業の時と同じで警戒されたり、そもそも忙しいといって話さえ聞いてもらえず、ガチャンと切られてしまったりすることも多々ありました。

納期はどんどん迫ってきます。泣きたいような気持ちになることもありましたが、お客様と約束したのだからやるしかない。ようやく協力してくれる職人さんを見つけ、約束の日までに数百個のブーケを納めた時には、ほっとして全身の力が抜けるようでした。

順調から一転、造花ブーケが必要とされなくなって

まったくの素人が自分の想いだけでつくったブーケは思いのほか好評をいただき、忙しい毎日が続きました。実際につくってくれるのは職人さんですが、常に新しいデザインを考え、生地はどうするか、もっと改良できないかと模索していました。

生地などの材料もすべて自分で仕入れて職人さんに送っていたので、オフィスが華やかな生地で埋

まっている時期もありました。職人さんから送られてきたブーケで、オフィスが足の踏み場もなくなるのは当たり前の光景でした。

できあがったブーケをひとつひとつ検品し、丁寧にケースに収めて店舗に納品します。土曜も日曜もなく、毎日深夜まで働き続けました。それでも大好きなウェディング用品、しかも自分が思い描くアイテムに囲まれる毎日です。

経営についても、ものづくりについても、何も知らなかった自分の作品を喜んでくれる人がいる。丹精込めて企画し、職人さんとともにつくりあげた品を手に取ってくれる人がいる。人生の大切な日に身につけてくれる人がいる。それだけで震えるほどうれしい。お店に並ぶ自分の商品を見るたびに感動します。

けれど、順調な日々は3年ほどでした。今では当たり前になった、生花のブーケが登場したのがこの頃。生花のブーケはどんどん人気になり、造花のブーケの需要は急激に落ちていきました。ルミネやその他の納品先からも「もうブーケは売れないよ」と言われ、受注がなくなっていったのです。

まだお店にない、ひとみだけのフォーマルバッグを

もうひとみのブーケをほしがる人はいない。悲しいけれど、それはどうしようもない現実です。そ

れでも私は、生きていかなくてはなりません。次の道を模索していた時に、お客様から「フォーマルのバッグはつくれないの？」とお声がけいただきました。

フォーマルのバッグ……。するとお客様が「こんなのだよ。ひとみさんならではのアイテムとしてつくってくれないかな？」と貸してくださったのです。持って帰ってしげしげと眺めてみると、やはり特別な日のためのアイテム。手にするとワクワクします。「よし、特別な日の女性を輝かせる、とっておきのバッグをつくろう」。そう決心して、勉強を始めました。

バッグの構造を研究し、デザインを考えながら、生地を探します。フォーマルバッグの売り場も毎日見てまわりました。当時のフォーマルバッグは黒などのベーシックなカラーが中心でした。シックで上品ですが、若いお嬢さんなどは、もっときらびやかなものがぴったりくることもあるのではないか。

そう思って、売り場にはないひとみならではのバッグを考えてみました。ラメの入った鮮やかな色の布にビーズやスパンコールを散りばめた、愛らしいバッグのサンプルができあがりました。

鮮やかな色の布にビーズやスパンコールを散りばめてつくったバッグ

そして、またしても職人さん探しです。電話帳作戦はなかなかうまくいきません。景気のいい時代だったので、どの工房や職人さんもフル回転していました。名もない個人レベルの会社の仕事を、新規で受けてくれる人がなかなか見つかりません。

200軒以上断られた頃でしょうか、ようやく話を聞いてくれるという工房がありました。夫婦で和装のバッグを手がけている職人さんです。やはりとても忙しいとのこと。それでも私の必死が伝わったのか、サンプルをつくってくださることになりました。

「この生地でお願いします」と持っていった時には「こんな派手なの、誰が持つの?」「持って歩けないでしょ。大丈夫?」なんて言われました。それを「大丈夫です! これでお願いします」と言い切って、デザイン画を渡しお願いしました。

バッグをつくるためには、いろいろな材料が必要。それを職人さんにお聞きして買いに走る。「へぇ、目に見える生地だけでなく、芯や裏地、留め口もいるのね」。勉強しながら、自分のセンスや想いにあうよう、必要なものを厳選していきます。この時のことを思い出すと、そんな素人につきあってくださった職人さんに感謝が尽きません。

各地に職人さんを訪ね、築きあげた信頼関係

完成したバッグのサンプルは、バイヤーさんに喜んでいただけました。他にはなかったゴールドに

加え、シックなブラックとシルバーも受注できました。すぐに生産が追いつかなくなり、職人さんから職人さんへ、確かな腕を持つ方を紹介していただいては、あいさつにまわる日々。関東近県はほとんどまわりました。それほど受注が入ってきました。

デザインは決まっているし、型紙もある。材料はこちらで仕入れて送るのですから、そんなに忙しいのなら、発注する立場で遠方までわざわざ出向かなくてもいいのではないか。

そんなふうに言われることもありましたが、私は顔をあわせて仕事をしたいのです。もちろん、私が行かなくてもきちんと仕上げてくださることはわかっています。でも、ひとみのアイテムをつくってくださる仲間なのですから、あいさつはしたい。最初だけでなく、折に触れて顔を出したいと思っています。

職人さんの仕事を見るのは勉強になります。魂を込めて丁寧につくる様子を見ていると感動します。しっかり工程を見ておけば、バイヤーさんとの会議の時に、質問や要望を受けた時にも自分である程度は答えられます。

逆に、私の要望が細かすぎるといって、職人さんから苦笑いされることもあります。企画開発する時、検品する時は完全に買い手の気持ちになりますので、ほんの少しの生地のゆるみなども妥協できないのです。女性を輝かせたい、お客様に喜んでほしい。その一心で、どんな細かい不備も見逃さない気持ちで、ひとつひとつ検品をしているのですから。

「もう、ひとみさんは細かいな～。頑固なんだから」「わかりますけれど、そこをなんとかお願いします」。そんなやりとりができるのも、信頼しあえる関係だからこそだとうれしく思っています。

「このバッグ、人気ですよ」の言葉が何よりうれしい

今、ひとみはフォーマルバッグを中心にシューズやコサージュなどの小物を生み出し、売り場に送り届けています。どれも自分だったらどんなものを持ちたいか。どんな装いを楽しみたいかを考えながらつくったものばかりです。

この業界の難しいところは、デザイン、材料探し、職人さんやバイヤーさんとの何度ものやりとりなど、膨大な時間と労力をかけて生み出した作品が、すぐにコピーされてしまうことです。少しでも違う部分があれば「コピーです」とは言えません。でも、つくった私が「あら、私のバッグがなぜここに？」と思うくらい似たものが売り場にあると、ガッカリさせられます。

職人さんに思わず愚痴をこぼしたところ「いいものだから真似されるんだよ。みんながほしがるものをつくれたということだよ」と励まされて元気が出ました。

それでもやはり、私はこの仕事が好きです。ちょっとでも時間ができれば、フォーマルの売り場を見に行きます。市場調査というと大げさですが、いろいろなアイテムを見ているとワクワクするのです。

「あら、これ素敵」なんて刺激されることもあります。何食わぬ顔をして「人気のバッグはどのようなバッグでしょうか？」と聞き、ひとみの商品を「これが人気です」なんて出されると、心の中で万歳したくなります。思わず「ありがとうございます！」なんて言ってしまいそうになり、必死で抑えます。

ふと気づくとバッグや靴、アクセサリーのデザインを考えている。それが当たり前の日々をありがたく思うのです。

信じる道を進むことを支えてくれた家族、スタッフに尽きない感謝

この本のお話をいただいた時は、びっくりしました。人前に出ることは苦手ですし、起業をするまで人に対して、自分の意見を前面に押し出すということもしたことがありませんでした。でも企業を決意し、できなかったことを克服し、初めてのことを勉強しました。顧客や職人さんに恵まれてここまできました。両親や兄弟、スタッフさんたちには、今日に至るまで、本当に何から何まで支えられています。どの出会いがなくても、ここまでくることはできませんでした。私は本当に幸せ者だと感謝しています。

プレッシャーや精神的ストレスに悩まされたこともありました。それが一因であろう頭痛や体調不良が深刻だったこともあります。でも、いつからか「どうなるかなんて結果なのだから、考えても仕方

ない。精一杯最善と思うことをしていくしかないんだ」と心から思えた時に、漠然とした不安やストレスから解放されたように思います。

自分の会社ですから定年はありません。誰かに無理やり指示されることもない。自分がつくりたいものを世に出し、成功しても失敗しても自分の責任。窮地に立たされても、自分で打開しなければ。顧客や職人さん、スタッフさん、家族のためにも、簡単にあきらめるわけにはいきません。荒波にさらされたり、崖っぷちに立たされたりすることがあっても、あきらめずにチャレンジしていかなければ。チャレンジはつらいことですが、楽しいことでもあります。そのような気持ちで会社を続けています。

フォーマルバッグもシューズもデザインから布選びまでこだわっています

すべては自分で選んだ起業という道です。ポジティブに明るく楽しく前を向いて歩いていくこと。やるべきことに全力を尽くし、穏やかにすっきりしていること。女性を輝かせるアイテムをつくるのですから、自分だって素敵な大人の女性として輝いていけるよう頑張ります。

編著
ブレインワークス
創業以来、中小企業を中心とした経営支援を手がけ、ICT活用支援、セキュリティ対策支援、業務改善支援、新興国進出支援、ブランディング支援など多様なサービスを提供する。ICT活用支援、セキュリティ対策支援などのセミナー開催も多数。とくに企業の変化適応型組織への変革を促す改善提案、社内教育に力を注いでいる。また、活動拠点のあるベトナムにおいては建設分野、農業分野、ICT分野などの事業を推進し、現地大手企業のコンサルティングサービスも手がける。2016年からはアジアのみならず、アフリカにおけるビジネス情報発信事業をスタート。アフリカ・ルワンダ共和国にも新たな拠点を設立している。http://www.bwg.co.jp/

女性経営者16人が教える起業のポイントと続ける極意
女性起業　はじめの一歩と続け方

2018年7月24日〔初版第1刷発行〕

著　　者　ブレインワークス
発 行 者　佐々木 紀行
発 行 所　株式会社カナリアコミュニケーションズ
〒141-0031 東京都品川区西五反田 6-2-7 ウエストサイド五反田ビル3F
TEL.03-5436-9701　FAX.03-3491-9699
http://www.canaria-book.com
印 刷 所　株式会社ダイトー
編集協力　オフィスふたつぎ
執筆協力　稲 佐和子　平野 ゆかり
装丁/DTP　WHITELINE GRAPHICS CO.

ISBN978-4-7782-0437-2 C0034

カナリアコミュニケーションズの書籍のご案内

ベトナム地方都市進出
完全ガイド

ブレインワークス 編著

ベトナムビジネスでの成功は、地方が握る!

地方への参入が成功への近道だ!

なぜベトナムの地方都市が注目されるのか?

アジアでは、首都への一極集中が顕著であるなか、2大都市を抱えるベトナムでは、他にはない、ひろがり方を見せている!

生産拠点としてだけでなく、消費地としての魅力も上昇するなか、地方の底上げが経済発展の潤滑液となる!

2017年6月10日発刊
定価 2000円(税別)
ISBN978-4-7782-0404-4

「アフリカ」で生きる。
—アフリカを選んだ日本人たち

ブレインワークス 編著

最後のフロンティアと言われるアフリカ。

アフリカ大陸で働く日本人から学ぶ、どうしてアフリカだったのか?

青年海外協力隊、NPO活動、NGO活動、ボランティア活動、起業、ビジネスなどで様々な日本人が遠く離れた、まさしく日本の裏側、アフリカ大陸での生活はどんなもの? 貧困や感染症は? アフリカのど真ん中でお寿司屋さん? 宅配便ビジネス? 日本人がタイ料理レストラン? イメージ通りのアフリカと知らなかったアフリカがここにあります。

2017年4月20日発刊
定価 1400円(税別)
ISBN978-4-7782-0380-1

地球と共生するビジネスの先駆者たち

ブレインワークス　編著

地球温暖化などで地球は傷つき、悲鳴をあげている。
そしていま地球は環境、食糧、エネルギーなど様々な問題を抱え、
ビジネスの世界でも待ったなしの取り組みが求められる。
そんな地球と対話し共生の道を選んだ10人のビジネスストーリー。
その10人の思考と行動力が地球を守り未来を拓く。

2017年9月20日発刊
定価 1300円（税別）
ISBN978-4-7782-0406-8

インドへの扉
13億人の大国インドに飛び込む心構え

藤田　寿仁 著

こんな本が欲しかった! 13億人の大国インドの常識とは?　価値観とは?

一般の解説書では分かりにくい、現地でのビジネスの流儀やネットワークの活用をストーリーで紹介!

近い将来、大きなビジネスの市場になるであろうインド。解説書だけではわからない、現地でのビジネスの流儀やおつきあいの方法。

そして会社だけではなく、日常生活でのインド流の知恵やルールをご紹介!

2017年12月20日発刊
定価 1300円（税別）
ISBN978-4-7782-0416-7

カナリアコミュニケーションズの書籍のご案内

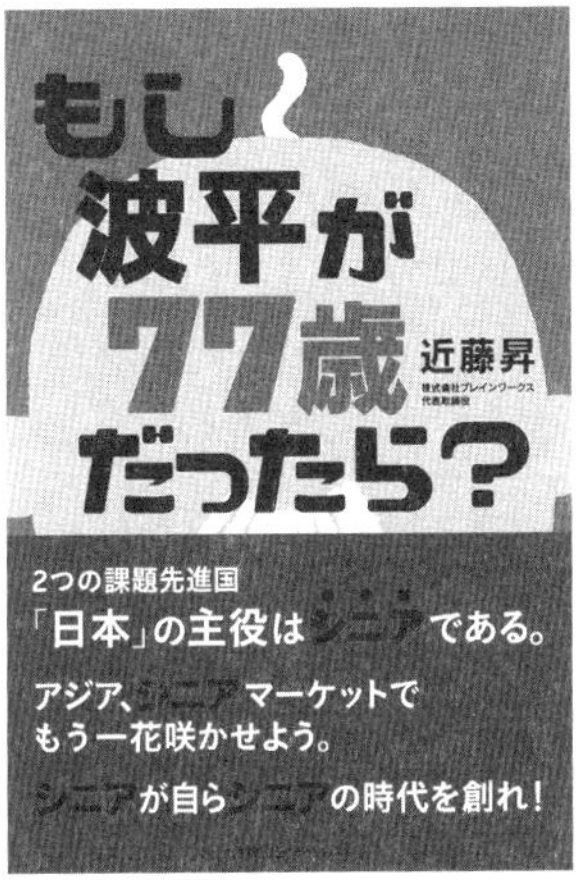

もし波平が77歳だったら?

近藤 昇 著

2つの課題先進国「日本」の主役はシニアである。
アジア、シニアマーケットでもう一花咲かせよう。シニアが自らシニアの時代を創れ！

2016年1月15日発刊
定価 1400円（税別）
ISBN978-4-7782-0318-4

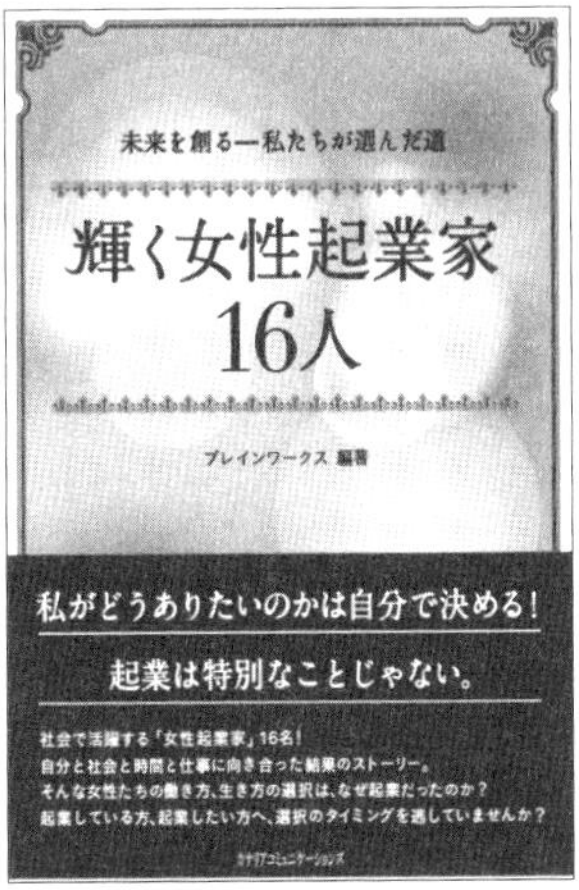

輝く女性起業家16人

ブレインワークス　編著

私がどうありたいのかは自分で決める!
起業は特別なことじゃない。
社会で活躍する「女性起業家」厳選16名!
自分と社会と時間と仕事に向き合った結果のストーリー。
そんな女性たちの働き方、生き方の選択は、なぜ起業だったのか?
起業している方、起業したい方へ選択のタイミングを逃していませんか?

2017年10月15日発刊
定価 1300円（税別）
ISBN978-4-7782-0412-9

ベトナム成長企業60社
2018年版
ブレインワークス 編著

アジアの昇り竜、ベトナム。

選りすぐりの成長著しい親日派ベトナム企業からの熱いメッセージ満載。

ここ30年でベトナムの国内総生産は100倍以上に急上昇。

世界貿易機構に正式に加盟し、一層自由貿易を進めている。

日本はベトナム最大の援助国で、経済的結びつきも強い。

今、ベトナムで注目を集めている成長企業の連絡先等の貴重な情報を一挙公開!

2018年2月26日発刊
定価 1800円（税別）
ISBN978-4-7782-0424-2

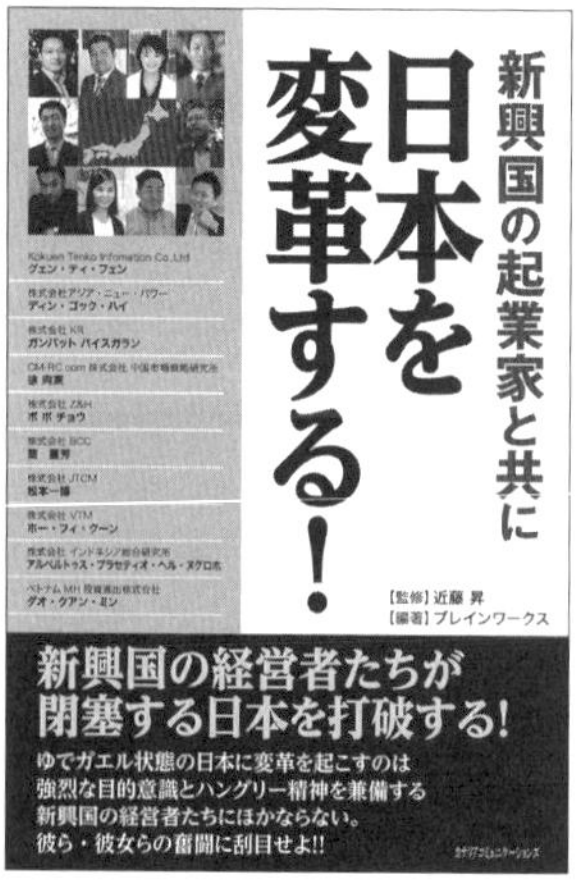

新興国の起業家と共に
日本を変革する!
近藤　昇　監修
ブレインワークス　編著

商売の原点は新興国にあり!

新興国の起業家と共に日本の未来を拓け!!

新興国の経営者たちが閉塞する日本を打破する!

ゆでがえる状態の日本に変革を起こすのは強烈な目的意識とハングリー精神を兼備する新興国の経営者たちにほかならない。

彼ら・彼女らの奮闘に刮目せよ!!

2018年3月15日発刊
定価 1400円（税別）
ISBN-978-4-7782-0417-4

カナリアコミュニケーションズの書籍のご案内

2018年4月11日発刊
定価 1300円（税別）
ISBN978-4-7782-0422-8

学校に「お掃除先生」やってきた!

株式会社ダスキン 著

～みらいのおとなに掃除の大切さを伝えたい・・・。～　ダスキンが取り組む教育CSR 活動のすべて！　ほとんどの学校は、児童・生徒が自分たちで掃除をします。学校掃除は日々の継続活動であり、1 年間に児童・生徒が掃除に費やす時間は、約 3,000 分 (=45 分授業では約 66 時間分)。この掃除の時間を、“子どもたちの力を伸ばすための時間”として見直してほしい。この活動に取り組むダスキンファミリーが、「お掃除先生」として教壇に立ちます。活動を通じて社員も成長する。「掃除の会社 ダスキン」が取り組むCSR活動をご紹介します。

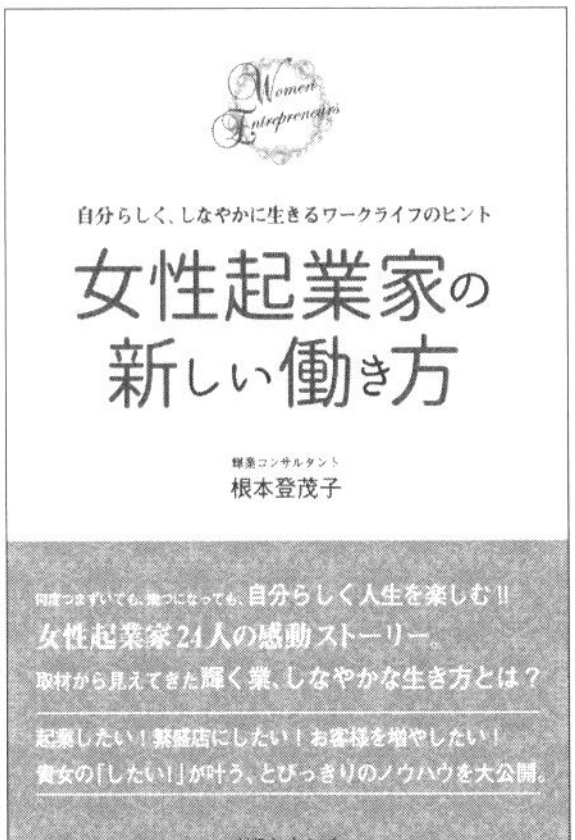

2018年4月11日発刊
定価 1300円（税別）
ISBN978-4-7782-0421-1

女性起業家の新しい働き方

根本　登茂子 著

何度つまずいても、いくつになっても、自分らしく人生を謳歌したい!

年齢や職種、地域を越えた30代から80代の女性起業家24人の感動ストーリー。

取材から見えてきた彼女たちのキラリと輝く業、しなやかな生き方とは?

さらに起業スタイルのみつけ方、夢をカタチにするヒント、繁盛店になる秘策など即実践できるノウハウや女性起業家への支援体制、ビジネス成功へ導く実例を紹介しています。

起業したい女性、起業して悩み多き女性への応援メッセージの一冊です。

カナリアコミュニケーションズの書籍のご案内

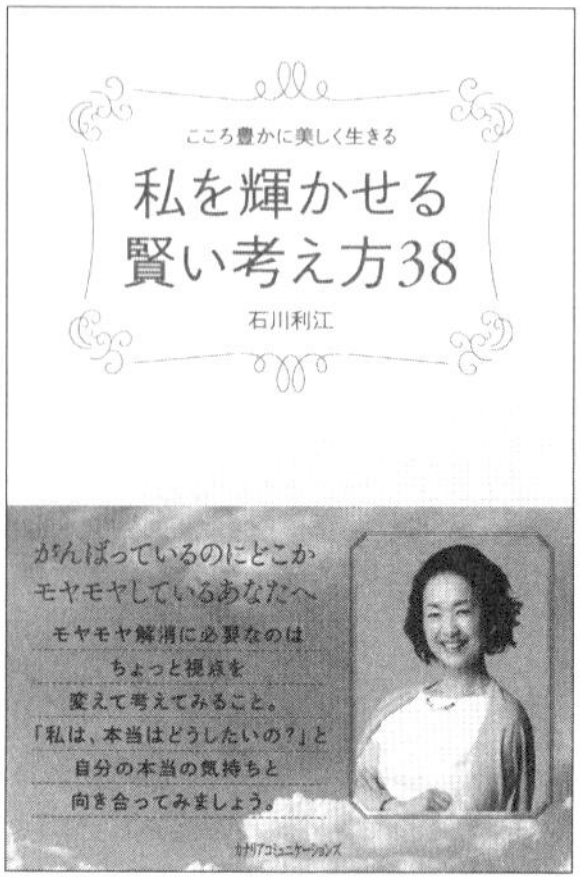

私を輝かせる賢い考え方 38

石川利江 著

がんばっているのにどこかモヤモヤしているあなたへ
今は、女性が自分で生き方を自由に選べる時代です。
それなのに、迷ったり、悩んだり、
なんだかモヤモヤしていませんか?
たくさんの女性の同僚や部下たちと仕事をしてきた経験をもとにあなたのモヤモヤを晴らすのに効果的な考え方のポイントをお教えします。

2018年4月26日発刊
定価 1300円(税別)
ISBN978-4-7782-0431-0

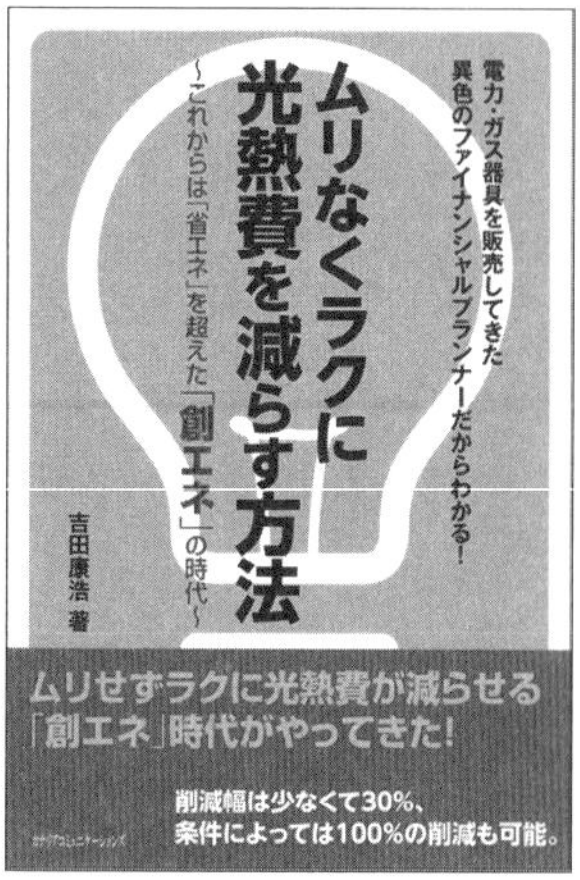

ムリなくラクに光熱費を減らす方法

吉田康浩 著

ムリせずラクに光熱費が減らせる「創エネ」時代がやってきた。
電力・ガスを販売してきた
異色のファイナンシャルプランナーだからできる!
ムリなくラクに光熱費を減らせる方法。
削減幅は少なくて 30%、条件によっては 100%の削減も可能。
~これからは「省エネ」を超えた「創エネ」の時代~

2018年4月29日発刊
定価 1300円(税別)
ISBN978-4-7782-0429-7